Sergio Caballero Santos,
Francisco Javier Valderrey Villar
e Íñigo Arbiol Oñate

La diplomacia empresarial hoy

CONTEXTO GEOPOLÍTICO, ECONÓMICO Y ÉTICO

JAVIER MARTÍNEZ CONTRERAS (EDITOR DE LA COLECCIÓN)

COLECCIÓN INVESTIGACIÓN Y DEBATE
SERIE: COLECCIÓN DIRÉCTICA

DISEÑO DE CUBIERTA: MIKEL LAS HERAS

ZURBANO, 76
28010 MADRID
TEL. 91 532 20 77
WWW.CATARATA.ORG

LA DIPLOMACIA EMPRESARIAL HOY.
CONTEXTO GEOPOLÍTICO, ECONÓMICO Y ÉTICO

ISBN: 978-84-1067-512-4
DEPÓSITO LEGAL: M-832-2026
THEMA: KJG/KJJ/KJM/KCP

ÍNDICE

PRESENTACIÓN DE LA BIBLIOTECA

La Biblioteca CEA de Ética Empresarial es una iniciativa puesta en marcha por el Centro de Ética Aplicada de la Universidad de Deusto (CEA). Este centro lleva más de veinte años realizando tareas de investigación y transferencia de conocimiento en distintas líneas relacionadas con la Ética, y muy especialmente en el ámbito de las éticas aplicadas. Uno de los objetivos principales del CEA es la búsqueda de un mejor conocimiento sobre los procesos sociales, políticos y económicos que posibilitan un desarrollo con justicia social y equidad. Desde el horizonte que plantea dicho objetivo, los contenidos de esta Biblioteca se centran específicamente en lo que atañe a los procesos que tienen lugar en la esfera económica y los sujetos que participan en ellos, con especial atención a la empresa como sujeto organizacional y a las personas que, en su desempeño profesional, desarrollan en su seno distintas tareas y asumen diferentes responsabilidades.

El objeto de análisis, por tanto, estará constituido por cuestiones relativas a los tres niveles de articulación social. En primer lugar, el nivel micro, relativo a las personas. En nuestro caso, pondremos el foco en la dimensión profesional, atendiendo a los contenidos propios de las éticas profesionales. En segundo lugar, el nivel meso, el más propiamente organizacional, en el que identificamos un nuevo sujeto (la empresa), que será el centro del análisis ético a lo largo de toda la colección. Finalmente, el nivel macro, constituido por el subsistema social desde el que podremos entender buena parte de los análisis que vayamos desarrollando. La ética, en este nivel, se pregunta por el propio sistema económico y por su capacidad de construir sociedades justas. Un nivel que, es necesario advertir, necesita para su adecuado análisis de una ética social y política que, como se podrá fácilmente comprobar, estará presente en muchos momentos en distintos volúmenes de la biblioteca.

Nuestra experiencia en el desarrollo de distintas iniciativas relacionadas con la ética empresarial, con profesionales y con responsabilidades directivas (seminarios, comunidades de aprendizaje...) nos muestra que no es posible dar recetas o soluciones estándar a los interrogantes éticos que genera la actividad de cualquier organización. También hemos aprendido que la ética empresarial demanda una conducta ética por parte de las personas, pero también dinámicas organizativas que favorezcan la coherencia personal e institucional con los principios éticos. Hemos entendido que ética profesional y ética de la empresa van íntimamente unidas y que ambos sujetos (la persona y la organización) no pueden entenderse adecuadamente sin considerar la mutua implicación y su existencia en el seno de un sistema económico.

Por tanto, una de las opciones fundamentales que incorporamos en nuestra reflexión (y que creemos suficientemente justificada a lo largo de la colección) es que la perspectiva ética en una organización se despliega necesariamente en dos dimensiones que tienen en cuenta, por un lado, el sujeto organizacional en su conjunto y, por otro, los distintos profesionales que componen dicho sujeto, con especial atención a quienes asumen funciones y responsabilidades directivas.

Teniendo en cuenta esta doble perspectiva, tampoco podemos olvidar que son las personas y no las empresas las potenciales lectoras de estos trabajos. Por eso, la Biblioteca CEA está diseñada con la intención de que sirva para entender los retos éticos que se despliegan en el quehacer profesional a dos niveles: por un lado, desde la óptica de la ética profesional, acompañando la mirada ética que compete a las personas que deben tomar las decisiones cotidianas donde se juega la "buena" gestión; esa que no es únicamente buena desde el punto de vista técnico u operativo, sino también moralmente correcta; por otro, desde el enfoque empresarial, analizando las responsabilidades de los distintos sujetos individuales (no solo los que pertenecen a una corporación, como iremos viendo) en la construcción de un sujeto organizacional éticamente orientado (una empresa).

Respecto al tono general de la biblioteca, lo que el lector podrá encontrar es lo que, a nuestro juicio y desde nuestra experiencia con grupos de profesionales, se requiere para poder comprender los distintos aspectos propios de la ética empresarial. Por ello, la biblioteca combina contenidos sobre los presupuestos filosóficos que sustentan el análisis ético con la aplicación práctica de esos presupuestos a los retos éticos propios de la realidad empresarial. El enfoque es claramente didáctico, desde la persuasión de que la ética se puede enseñar y aprender, teniendo en cuenta que de lo que estamos hablando al recurrir a la ética es que apelamos a una racionalidad que ofrece criterios, instrumentos, lenguajes... que nos permiten analizar situaciones en las que lo que se pone en juego son los elementos propios del ámbito moral: el bien, la justicia, la felicidad...

Desde este enfoque, esperamos que la lectura de los distintos volúmenes contribuya a la incorporación por parte del lector de dos tipos de competencias. Por un lado, las orientadas a identificar y afrontar los retos éticos que surgen en el desempeño profesional, ofreciendo herramientas para explorar las vías de resolución de los mismos. Por otro lado, las que ayudan a entender y aplicar las claves que encierran los procesos de construcción de culturas empresariales, basada en principios éticos, que refuercen la legitimidad de un proyecto empresarial integrado de forma sostenible en el entorno en el que opera.

Finalmente, es importante dejar constancia de las características del pensamiento ético que pretende desarrollar el Centro de Ética Aplicada de la Universidad de Deusto y que permean los distintos contenidos que se desarrollan en todos los volúmenes de la colección. Estas características son, fundamentalmente, las siguientes:

1. Asumir la perspectiva de las víctimas, los injustamente tratados, tomándolas como eje referencial de nuestra reflexión.
2. Tener en los derechos humanos, con su problematicidad, el criterio ético último, irrebasable, de nuestras valoraciones éticas.
3. Ejercer el análisis, la reflexión y la evaluación de la realidad moral con rigor, desde la especificidad propia de la disciplina ética.
4. Reconocer la consistencia propia de la realidad, aplicando de manera adecuada a ella los principios éticos.
5. Desarrollar un planteamiento integracionista, acogiendo y articulando los elementos valiosos de las distintas teorías y escuelas éticas.
6. Ofrecer resultados orientativos y aplicables a las personas y organizaciones implicadas en la transformación social.

A partir de aquí, recorrer el camino que ofrece esta Biblioteca es vuestra elección. Estamos convencidos de que quienes se atrevan a transitarlo reforzarán su competencia ética. Para quienes lo hagan, gracias de antemano. Nos vendrá muy bien a todos.

El equipo del CEA

INTRODUCCIÓN

TEMA, OBJETIVO Y ENFOQUE

Este libro tiene por objeto acercarse a un nicho académico especialmente sugerente, y que constituye al mismo tiempo un terreno fértil en el mundo empresarial en aras de la internacionalización de los negocios en un contexto incierto y desafiante, pero bajo la premisa de la sostenibilidad y el relacionamiento multiagente. Se trata por tanto de un ejercicio interdisciplinar, a caballo entre las Relaciones Internacionales y la Geopolítica, pero también la Gestión Empresarial y el Diseño Corporativo, pasando por la Economía Política Internacional que funge como puente entre distintas áreas de conocimiento.

Asimismo, este libro aspira a hibridar los aportes teórico-académicos con el conocimiento aplicado requerido por los *practitioners* y tomadores de decisiones que necesitan herramientas claras de fácil aplicación en el mundo empírico y, en este caso, en su actividad empresarial. Por tanto, este libro se dirige tanto a académicos de las Relaciones Internacionales como a profesionales del ámbito empresarial, asumiendo deliberadamente una doble vocación analítica y aplicada.

Siguiendo con estas dimensiones complejas, este libro se gesta con el bagaje y expertise de distintos autores que aportan una visión plural y rica en matices desde distintas latitudes, aunque intentando evidenciar claramente el diálogo multinivel entre lo global y lo local.

Así pues y en aras de desentrañar cada uno de los hilos de esta madeja, es necesario enmarcar en este capítulo introductorio los principales rubros que se irán desplegando y abordando posteriormente con mayor detalle.

LA DISCIPLINA DE RELACIONES INTERNACIONALES

Las Relaciones Internacionales como ámbito de conocimiento tienen ya más de un siglo de existencia (la primera cátedra en Aberystwyth se remonta a 1919) a lo largo del cual se han sucedido grandes debates académicos en el seno de la disciplina (los considerados como los 4 Grandes Debates: el sociológico, el metodológico, el interparadigmático y el giro reflectivista). A raíz de este último debate, esto es, desde los años 90, hemos asistido a una creciente ampliación de los actores internacionales (trascendiendo la dimensión estatal e incluyendo a gobiernos locales y regionales, empresas, sociedad civil y otros agentes), ampliación de las temáticas (multidimensionalidad incorporando nuevos ámbitos y nuevas amenazas) y ampliación de los enfoques teóricos (con la emergencia de teorías críticas que retan los postulados racionalistas y positivistas). En este escenario de creciente inquietud académica y de deseo por traspasar fronteras interdisciplinares, las Relaciones Internacionales conciben el escenario global y los fenómenos transnacionales como un todo que debe ser analizado, sin establecer fronteras artificiales entre el "adentro" (lo doméstico) y el "afuera" (lo internacional), ni entre la política y la economía, ni entre los gobiernos y las empresas o los individuos, por poner solo algunos ejemplos.

Estas sinergias multidisciplinares permitirán a las Relaciones Internacionales vehicular los desafíos e incertidumbres que afrontan los estados y las sociedades en el actual proceso de globalización. Asimismo, el funcionamiento, diseño y lógicas de los organismos internacionales trasciende la dimensión puramente jurídica o política para interpelar a cada estado, así como al resto de actores, a la hora de diseñar su rol en el escenario internacional.

Este hecho es, si cabe, más relevante dado el actual periodo histórico en el cual asistimos al surgimiento de inéditos mecanismos de gobernanza global (de la mano del G20, los BRICS y otros foros) que se ven obligados a tratar con una diplomacia cada vez más compleja y completa, con un creciente número de *global issues*, desde el cambio climático hasta la desigualdad, pasando por la financiación del desarrollo sostenible, la irrupción de la inteligencia artificial, las migraciones, las guerras comerciales y el terrorismo entre otros muchos, a lo que hay que añadir más recientemente el resurgimiento militarista con la emergencia de más guerras y escaladas bélicas).

Desde el final de la Guerra Fría y con un cambio de paradigma internacional, la academia ha seguido prestando gran parte de su atención, a nivel de producción científica, en aspectos clásicos de las Relaciones Internacionales. Sin embargo, en paralelo a los debates existentes, las diferentes escuelas han generado investigaciones en torno a nuevos planteamientos como el derecho internacional, las formas emergentes de multilateralismo, la seguridad, la geopolítica, el desarrollo o a la Economía Política Internacional. Este proceso de incorporación de nuevas temáticas se ha producido tanto desde escuelas teóricas más *mainstream* como desde las ópticas más críticas o retadoras de las explicaciones dominantes. Desde las escuelas mayoritarias pueden destacarse nombres como John Mearsheimer (2014) o Stephen Walt (1985), desde sus aportaciones neorrealistas, o Stephen Krasner (1983) sobre regímenes internacionales. El neoliberalismo y el orden global liberal han abordado estas cuestiones con autores como John Ikenberry (2005), entre otros. Las teorías críticas ofrecen diversos enfoques, desde Robert Cox (1981) con la teoría crítica, hasta la visión de sociología internacional ofrecida por Arlene Tickner (2013), pasando por el postmodernismo de Steve Smith (1996). Especialmente interesante resulta la vinculación entre política y economía que desde la Economía Política Internacional (EPI) ha elaborado desde España el catedrático José Antonio Sanahuja (2008), así como desde la escuela latinoamericana (Diana Tussie, 2015), desde la británica (Susan Strange, 1998) o la americana (Robert Gilpin, 2001).

LA ECONOMÍA POLÍTICA INTERNACIONAL (EPI)

En aras de profundizar en lo referente a la EPI es importante señalar que ha sido considerado como un subcampo de las Relaciones Internacionales que aúna la dimensión política y la económica, el estado y los mercados. Esta interdisciplinariedad y el cómo entendamos esta relación nos permite reflexionar sobre las sinergias público-privadas. Como se apuntaba, hay al menos tres grandes escuelas dentro de la EPI, una dominante (estadounidense) y dos críticas (la británica y la latinoamericana).

La escuela estadounidense, liderada por Robert Gilpin, se sustenta sobre la teoría de la estabilidad hegemónica. Este enfoque evidencia que, en paralelo con el poder político y militar, es indispensable garantizar el liderazgo económico. En cierta manera, desde una visión estadounidense solo se puede presentar como un hegemón estable si las multinacionales y la economía estadounidenses son las más avanzadas y potentes. En este sentido, los avances tecnológicos, las empresas consideradas "campeones nacionales" y la incorporación de valor añadido en la producción son un instrumento más para consolidar el poder político-económico. Y al igual que para Washington este planteamiento ha sido una hoja de ruta para fortalecer sus grandes empresas industriales y tecnológicas, para países como China también ha sido la estrategia para desafiar y rivalizar en términos geoeconómicas con empresas vinculadas a 5G (Huawei), venta *online* (Alibaba) o coches eléctricos (BYD) por poner solo algunos ejemplos.

La escuela crítica británica, heredera de postulados neomarxistas aspira a desentrañar las relaciones de poder y sinergias generadas entre la política y la economía. Un ejemplo que se suele constatar es el de las llamadas "puertas giratorias", pero la reflexión crítica va mucho más allá de la mano de autores como Robert Cox o Susan Strange. De hecho, esta última solía guiar sus investigaciones por la idea del *cui bono*, esto es, la formulación proveniente del derecho penal para resolver asesinatos al preguntarse quién obtiene un beneficio con el acto criminal. Trasladado al ámbito que aquí nos ocupa, el *cui bono* apuntaría a que solo desvelando quiénes ganan podremos saber cómo se relacionan estos dos ámbitos, público y privado, en el contexto de la EPI. Para esta autora un caso notable era el de la desregulación financiera y lo "paradójico" que resulta que los estados, que tradicionalmente se han arrogado el monopolio de la violencia legítima y han aspirado a incorporar el mayor número de competencias y poder para regular la vida de los habitantes en su territorio soberano (viniendo del mito del estado moderno de Westphalia que idealiza la idea de que este se arroga el monopolio de la violencia legítima en un territorio y frente a una población *á la Max Weber*), no obstante en la segunda mitad del siglo XX decidieron desregular cada vez más todo lo concerniente a servicios financieros y globalización económica (que inspiró a Susan Strange a acuñar el término de "Westfailure" haciendo un juego de palabras de esa derrota del estado moderno tal y como se entiende en el mundo occidental). Esto, en última instancia desembocó en la crisis financiera internacional de 2008, la cual por primera vez en la segunda mitad del siglo XX se generaba en el corazón del sistema capitalista (Estados Unidos y la Unión Europea) y no en las periferias y/o en las economías emergentes que podrían ser consideradas como más o menos inestables e inmaduras.

Finalmente, desde la EPI crítica tenemos otra manera de entender el relacionamiento entre estado y mercado, y que viene condicionada por el lugar de enunciación, esto es, cómo desde América Latina (y la periferia del sistema económico en general) se percibe la relación entre la política y la economía como una ecuación totalmente desbalanceada. Teniendo en cuenta que, en la mayoría de los casos, el Producto Interior Bruto de muchos países y sus recursos materiales y humanos son inferiores a los presupuestos y capacidades de las grandes multinacionales y corporaciones de alcance global, se plantea como un desafío inasumible el ejercitar la soberanía y poner reglas y límites a ciertas empresas en su actividad económica en algunos países. En definitiva, desde estos países del Sur Global[1] se enfatiza la necesidad de buscar mayores ámbitos de autonomía y toma de decisiones soberanas frente o

1. Para más sobre Sur Global, ver Caballero y Crescentino (2025).

en contraposición al poder desplegado por el sector privado que, guiado por un modelo cortoplacista de crecimiento económico incapaz de medir sus impactos sociales o ambientales, ha conseguido durante años condicionar las políticas y en muchos casos, el propio ejercicio democrático.

INTERDEPENDENCIA DE LOS NEGOCIOS GLOBALES, LA DIPLOMACIA Y LOS NUEVOS ACTORES

El contexto globalizador que se consolida tras el final de la Guerra Fría de la mano del Consenso de Washington de 1989 basado en los tres principios de privatización, liberalización y desregulación, abrió las agendas para nuevos actores, principalmente las corporaciones multinacionales. Así, en un marco de optimismo presidido por la supuesta promoción de la democracia y los derechos humanos que emanaba de la idea del "fin de la historia" de Francis Fukuyama, asistimos al ensanchamiento de otras agendas (baste como ejemplo mencionar la transición de la seguridad material a la seguridad humana de la mano del informe del Programa de Naciones Unidas para el Desarrollo, PNUD, de 1994[2]) y a la susodicha interdisciplinariedad, dada la preponderancia de los temas económicos en los ámbitos de las Relaciones Internacionales.

Una de las nuevas temáticas que la disciplina de las Relaciones Internacionales abordó a partir de entonces es precisamente la diplomacia empresarial. Como veremos con más detalle en el siguiente capítulo, a día de hoy no hay un consenso académico sobre la definición de diplomacia empresarial. Saner y Yiu realizaron uno de los primeros estudios teóricos sobre diplomacia empresarial. En él, definieron la gestión de la diplomacia empresarial

2. El informe del PNUD donde se acuñó el concepto de seguridad humana permitió ensanchar horizontalmente el concepto al ir más allá de la seguridad material típica del realismo (incorporando otros ámbitos como la seguridad alimentaria, ambiental, social, energética...) y también profundizar verticalmente el nivel de seguridad para evitar poner el estado en el centro y no solo poner en el foco al individuo sino que, incluso, en casos donde el estado es el principal violador del derecho humanitaria o perpetrador de un genocidio, se concibe la "responsabilidad de proteger" (R2P, responsibility to protect) de la comunidad internacional.

como una actividad "relacionada con la gestión de interfaces entre la empresa global y sus múltiples contrapartes no comerciales" (Saner, Yiu y Søndergaard, 2000). Para London, la diplomacia empresarial es un método de cooperación con las personas para hacer las cosas dentro de una organización (London, 1999). Ruël y Wolters la definieron de forma más detallada incorporando la complejidad del mercado global y el concepto de legitimidad, que es una parte integral de la diplomacia empresarial (Ruël; Wolters y Loohuis, 2013). En 2005, el propio Saner actualizó su definición publicando una encuesta realizada en cuatro empresas multinacionales suizas para determinar si realmente existe la gestión de la diplomacia comercial. Desde entonces, el campo de la diplomacia empresarial está creciendo y nuevas revistas y conferencias están investigando el concepto. En este sentido, el lanzamiento de la Revista Internacional de Diplomacia y Economía en 2012 fue un reconocimiento de la importancia creciente de la diplomacia empresarial.

Desde los estudios diplomáticos, además de las obras de Saner, Yiu y Søndergaard (2000) , otros han profundizado en la investigación académica sobre cómo las compañías globales requieren de nuevas competencias para lidiar con los intereses de países extranjeros, los múltiples grupos de presión nacionales y extranjeros o los conflictos internacionales. En una línea de investigación aplicada a casos de estudio, autores como Melisse (2011) y Langhorne (2005) han publicado los resultados de la gestión empresarial en las nuevas fronteras de la acción exterior y han cuestionado, también en lo económico, el concepto del estado como único referente en el ejercicio de la diplomacia. Desde la óptica business destacan Buckley (2009), Khana (2007), Simon (1996) o Tan (2007), así como Penrose (1959) y su aporte más teórico. Todos ellos revisaron los aspectos clave de la gestión de procesos de internacionalización empresarial en un mundo globalizado.

EL APORTE DESDE LAS EMPRESAS

El trabajo académico se ha visto refrendado en la práctica por la gestión que empresas globales como Tesla, Huawei, Meta, Microsoft,

BP Amoco, Philips, Sony, Mitsubishi y General Motors han venido realizando en los últimos años. Cabe subrayar su capacidad para intervenir en una variedad de crisis en todo el mundo, proteger sus inversiones y reforzar la integración de las economías emergentes y en transición en la economía global. A medida que continúa el proceso de consolidación de la industria, se concentran aún más los recursos y activos en manos de un número menor de empresas. El poder y el alcance de las empresas transnacionales y las alianzas estratégicas globales rivalizan con las de los estados. La importancia de las corporaciones y sus intereses en expansión dentro de la Economía Política global ha catapultado a muchos ejecutivos corporativos al escenario político global; una indicación de la relación cambiante entre los sectores público y privado. Las reuniones entre los líderes del sector privado y los funcionarios públicos al más alto nivel nunca han sido extraordinarias, sin embargo, hoy en día la práctica es diferente, ya que no se limitan estrictamente a discusiones sobre negocios e inversiones, sino que también abordan temas de desarrollo social y político.

Estas compañías con un alto porcentaje de beneficios, riesgos y potencial de negocio a nivel global han identificado desde hace décadas la necesidad de desarrollar una capacidad organizativa para representarse de manera efectiva ante las organizaciones y comunidades que no estaban entre los *stakeholders* tradicionales de la empresa (Meyer, 2009). Los departamentos de comunicaciones corporativas, mercadotecnia o publicidad, no estaban diseñados para ser un "ministerio de relaciones exteriores" y, en este sentido, cada vez con mayor frecuencia se ha empleado a diplomáticos retirados para asesorar al CEO o Director Ejecutivo y la alta gerencia o para dirigir las relaciones cada vez más complejas de la compañía (Wei, Clegg y Ma, 2015).

Sin embargo, aun reconociendo la necesidad de la diplomacia empresarial, un buen número de empresas, en particular aquellas que no son grandes corporaciones globales con décadas de experiencia en internacionalización (Moreno y Vidal, 2010), encuentran dificultades al tratar de entender y adaptarse a un mercado global cambiante cada vez menos respetuoso con las reglas y valores tradicionales. Muchas de estas empresas, a pesar de su alto rendimiento, muestran dificultades para competir con otras más localizadas. Esto sucede, por un lado, por la intra-historia individual y, por otro, por su ineficacia al establecer relaciones con gobiernos y otros actores no comerciales. En primer lugar, aquellos negocios que han crecido orgánicamente a menudo operan de forma relativamente uniforme en el exterior, pero sus modelos estandarizados y la endogamia de un personal sin experiencia de exposición a riesgos no-financieros ni industriales hacen difícil ajustar sus productos y servicios a la estrategia de implantación, producción y comercialización en el exterior. En segundo lugar, las empresas que crecieron a través de alianzas y *joint ventures* o de fusiones y adquisiciones, han necesitado adaptarse a otros mercados internacionales, aunque también viven con dificultad la integración de sus diversas naturalezas y visiones divergentes del entorno no-financiero en una estrategia de internacionalización eficiente y con conciencia del desafío complejo y no solo económico al que se enfrentan.

En cualquier caso, las empresas necesitan incorporar a su *know-how* y a sus estructuras de decisión los conocimientos especializados de las ciencias sociales para ser eficaces en estos mercados generando su propia competencia diplomática proactiva. Las imbricaciones entre gobiernos nacionales y extranjeros y empresas se hacen más palpables, y se incrementa la necesidad de desarrollar las competencias analíticas necesarias para el diseño y desarrollo de políticas públicas de la mano de múltiples actores. En este contexto global y dinámico, las empresas han de ser capaces de internacionalizarse y generar riqueza para la sociedad, gestionando su crecimiento en un complejo mundo de globalización competitiva. Para ello, deben poder pronosticar, planificar y gestionar problemas internacionales, hacer frente a múltiples crisis, influenciar y trabajar con gobiernos y organizaciones internacionales y saber cómo operar de manera apropiada dentro de diversos entornos culturales y sociales.

Si bien, hoy en día, no es complejo para los directivos tener una visión relativamente informada sobre el nuevo panorama internacional, es difícil ser un especialista, especialmente cuando la lógica económica ya no parece ser una limitación para la política (Dhawan y West, 2019). El clásico enfoque de análisis y prudencia no resulta suficiente y ante la variedad de actores e incógnitas para los negocios internacionales, las medidas necesarias solo pueden planificarse si se dispone de las competencias que permiten comprender y gestionar los riesgos no financieros y explotar las oportunidades en un entorno incierto donde pasar de la reacción ante la adversidad a una proactividad para la cocreación de mejores modelos de crecimiento. En esta línea, tanto para suplir esta carencia, así como para explorar las potencialidades de esta intersección entre dos mundos complementarios y recíprocamente dependientes, la diplomacia empresarial se plantea como un campo de creciente relevancia para académicos y *practitioners*.

El desafío, en palabras de Josu Ugarte (2019), reside en partir de la asunción de que la diplomacia empresarial es la "función corporativa más importante en los procesos de internacionalización o de posicionamiento global [...] una función dentro de su organización que les permita defender sus operaciones en un país extraño e interrelacionarse con empresas o Administración Pública en busca de negocio".

ESTRUCTURA DEL LIBRO

Partiendo de los pilares arriba presentados, podemos pasar ahora a explicar la estructura y lógica interna del resto de la obra. A continuación, en el capítulo 1, se aborda con más detalle el actual panorama global, haciendo énfasis tanto en los principales actores geopolíticos que moldean el sistema internacional, así como los más relevantes desafíos que coadyuvan a generar un clima de incertidumbre y de cambio de era. Posteriormente, en el capítulo 2 se entra en profundidad en la columna vertebral de este libro, la diplomacia empresarial, incorporando una dimensión histórica de su gestación e implementación, pero también mostrando su operacionalización de la mano de las funciones y herramientas con las que provee a las empresas para desarrollarse con éxito en distintos escenarios. A esto le sigue un capítulo 3 donde se recogen, de manera ilustrativa, algunos casos de estudio representativos que permiten ejemplificar la puesta en práctica de la diplomacia empresarial como palanca de valor para las empresas en el escenario internacional. Finalmente, se presenta un último capítulo de reflexiones y lecciones aprendidas donde poder valorar críticamente las implicaciones éticas suscitadas por todo lo anterior.

PREGUNTAS PARA LA REFLEXIÓN

1. ¿De qué forma se amplía la perspectiva de la internacionalización empresarial al combinar Relaciones Internacionales, Geopolítica y la Economía Política?
2. ¿Cómo puede incorporarse un tema global (por ejemplo, cambio climático o migraciones) dentro del debate tradicional de Relaciones Internacionales para dotarlo de relevancia práctica?
3. ¿Qué aportación realizan al análisis global los actores no estatales, como empresas, gobiernos locales y organizaciones de la sociedad civil?
4. ¿Qué cuestionamientos suscitan las teorías clásicas de poder e intereses al examinar la gobernanza financiera internacional?
5. ¿De qué modo se emplea la capacidad económica de las multinacionales para reforzar posiciones políticas en mercados extranjeros?
6. ¿Qué influencia ejercen los mecanismos de gobernanza global (G20, BRICS, ONU y acuerdos multilaterales) en la definición de prioridades y acciones de la diplomacia empresarial?
7. ¿Cómo se puede aplicar el criterio "quién gana con esto" en el diseño de una política pública o de una estrategia corporativa?

8. ¿Qué competencias diplomáticas resultan esenciales para anticipar riesgos y gestionar crisis internacionales desde la alta dirección?
9. ¿De qué manera redefine la diplomacia empresarial el rol estatal en la era de la globalización y cuáles son las implicaciones para las compañías?
10. ¿Qué indicadores y métricas permiten evaluar la eficacia de las estrategias de diplomacia empresarial en la mitigación de riesgos y en la generación de valor compartido?

CAPÍTULO 1

CONTEXTO SISTÉMICO Y RELACIONES INTERNACIONALES

ACTUAL CONTEXTO INTERNACIONAL INCIERTO: CAMBIO DE ERA E INTERREGNO

Estos procesos se han desarrollado en un contexto internacional determinado donde interseccionan limitaciones estructurales con ciertas problemáticas coyunturales. A continuación, pasamos a abordar algunos de los desafíos globales que se antojan fundamentales para entender el actual contexto internacional y, por ende, el ecosistema en el que se desenvuelve la diplomacia empresarial en el día de hoy.

Pareciera que hay cierto consenso en lo que apuntan algunos expertos como Sanahuja (2022) en la medida en que asistimos a un cambio de era más que a una era de cambios. Retomando un concepto gramsciano de hace casi un siglo, vivimos en una suerte de interregno en que se está reconfigurando el orden internacional, toda vez que el orden liberal multilateral emanado del fin de la Segunda Guerra Mundial aparece como exhausto y cuestionado incluso por el que antaño fue su principal valedor, los Estados Unidos.

Aunque no hay un solo evento o hito histórico para fijarlo como parteaguas, este proceso de lo que algunos han llamado "crisis de globalización" (Sanahuja, 2019) se enmarca en las consecuencias de la crisis financiera internacional de 2008. Esta crisis, conectada con la especulación inmobiliaria, la desregulación financiera (que ya denunciara Susan Strange) y la burbuja de las *subprimes*, se erigió como la primera gran crisis que se generaba en el corazón del capitalismo global; es decir, no motivada por la inestabilidad en las periferias del sistema ni en mercados emergentes e inmaduros, sino en el mismo centro del sistema económico (Estados Unidos y Europa) que se había configurado como hegemónico de la mano, primero, de los acuerdos de Bretton Woods (1944), y después, del ya mencionado Consenso de Washington (1989), un sistema económico incapaz de crecer horizontal y verticalmente al mismo tiempo, y con un concepto de crecimiento limitado a lo financiero que no reconocía y por tanto tampoco medía sus impactos más de allá de lo económico, es decir lo social y lo ambiental.

Las dramáticas consecuencias de esta crisis se manifestaron en muy diversas índoles. Sin ánimo de exhaustividad, esta "crisis de globalización" agudizó las desigualdades ya no solo a nivel geopolítico interestatal sino principalmente intraestatalmente, esto es, al interior de cada país ahondando la percepción de "ganadores y perdedores" de la globalización. Además, se evidenció la extenuación del medio ambiente a la hora de proveer recursos para un capitalismo crecientemente extractivista, así como una suerte de ruptura del contrato social global en virtud del cual se podía avanzar hacia un mayor desarrollo, mejorando la calidad de vida y poniendo al ser humano en el centro. Por primera vez en la historia, las generaciones más jóvenes tomaron conciencia de que no vivirían mejor que sus predecesores, ya que, a pesar de su mejor formación y mayor acceso tecnológico, algunos asuntos globales como el cambio climático, las desigualdades, la precariedad y otros, incluyendo la violencia y la inestabilidad, limitarían sus capacidades de vida en el futuro.

Como desarrollaremos luego con un poco más de detalle, esta suerte de creciente desafección sociopolítica ha sido el caldo de cultivo en el que se ha gestado una fuerte polarización psicosocial asentada sobre el resentimiento (Caballero y Aín, 2024) e instrumentalizada de manera notable por la extrema derecha mundial enarbolando banderas reaccionarias e identitarias por encima de visiones racionales y humanistas. Para mayor incertidumbre, hemos asistido a la pandemia de la covid-19, desencadenada a principios de 2020, que ha trascendido con creces el ámbito de la salud pública para erigirse en un acelerador de tendencias previas (Haass, 2020; Rodrik, 2020) y un catalizador de otras problemáticas, incluyendo la redefinición del propio concepto de seguridad en el ámbito internacional[3].

Es en este inestable y complejo panorama global, repleto de desafíos sistémicos propios del cambio de era, en el que ha vuelto una suerte de geopolítica nacionalista, territorial y beligerante más propia de los siglos XIX y XX. Tanto la guerra de conquista iniciada por Rusia contra Ucrania (desde 2022, pero ya con el precedente de la toma de Crimea en 2014), así como la guerra de Israel sobre Gaza como represalia a los brutales ataques de Hamás el 7 de octubre de 2023, han replanteado un escenario geopolítico eminentemente realista que algunos vaticinaban que era ya cosa del pasado. Esta convivencia de "lo viejo que no acaba de morir y lo nuevo que no acaba de nacer" es lo que hace que el concepto gramsciano del interregno sea tan sugerente para explicar el mundo en el que vivimos y el proceso en virtud del cual asistimos a unos cambios que nos obligan a pensar en un cambio de era.

LA GEOPOLÍTICA ACTUAL

En aras de conceptualizar el sistema internacional, hay que reconocer lo fructífero de esta discusión académica donde se argumentan diferentes formas de explicar dónde estamos. No obstante, para esta reflexión es pertinente retrotraerse un poco más y proveer del contexto en el que se erigen los principales actores internacionales en la actualidad y esto pasa por el "ascenso de China".

Desde finales del siglo XX, con el foco global puesto en fomentar el desarrollo y limar la brecha norte-sur de la mano de los

3. Para más sobre esto, ver Mateos y Caballero (eds.), *Rethinking Security: For What and For Whom in a Post-COVID World*, próximamente.

Objetivos de Desarrollo del Milenio (ODM) aprobados en el año 2000, un suceso bien conocido trastocó todas las agendas. Los atentados del 11 de septiembre de 2001 en Estados Unidos pusieron la seguridad y la lucha contra el terrorismo como la prioridad del actor que había consolidado su hegemonía unipolar en los años 90, tras la contienda bipolar propia de la Guerra Fría. No obstante, la errática respuesta de la administración Bush invadiendo Irak en 2003 para derrocar a Sadam Hussein (a pesar de los informes de expertos en terrorismo que informaban sobre la ausencia de vinculación con Osama Bin Laden ni, por tanto, con los ataques del 11-S) generó una creciente deslegitimación de Estados Unidos, además de un desgaste mantenido en el tiempo de sus recursos militares y económicos. Al mismo tiempo y en paralelo, otro suceso estaba tomando lugar sin tanta notoriedad mediática pero con un efecto en el rol de sector privado en las Relaciones Internacionales: el 11 de diciembre de 2001 China, tras arduas negociaciones desde su apertura económica en 1978, se integró como miembro de la Organización Mundial del Comercio (OMC). Tras décadas jugando un rol de punto de producción de bajo coste para exportar al comercio internacional, la entrada en la OMC implicaba una suerte de "sello de calidad" o fiabilidad de la economía china como una economía plenamente capitalista guiada por las reglas del mercado (independientemente de que haya seguido dirigida por empresas públicas y por un sistema político interno gobernado desde el Partido Comunista Chino). En cierta medida, este hito evidenció el despegue de la economía china en paralelo con la transformación de su modelo productivo para empezar a producir para nutrir su propio mercado compuesto de una incipiente clase media deseosa de consumir. Todo ello se unió a su creciente proyección geopolítica de la mano de los BRICS (y posteriormente otras iniciativas como la *Belt and Road Initiative*) en aras de erigirse en una suerte de "modelo a seguir" para el mundo en desarrollo y para lo que ha venido en llamarse el Sur Global. Desde la óptica china, el no tener un pasado con una carga colonial como en el caso occidental, unido a la autopercepción china de haber sido siempre una potencia (con la excepción de un siglo de dominación británico muy presente en su clase dirigente), les erigía en un potencial líder legitimado para impulsar su propio modelo de desarrollo.

En definitiva, en estas más de dos décadas del siglo XXI hemos asistido a lo que Fareed Zakaria (2009) llamó "el ascenso del resto" (*the rise of the rest*), haciendo el juego de palabras entre el declive occidental (*west*) y la emergencia de los otros (*the rest*). De hecho, las grandes líneas de política exterior emanadas de Washington (lo que se conoce como la *grand strategy*) no ha divergido especialmente en las tres últimas administraciones estadounidenses, a pesar de lo paradójico que pudiera parecer si analizamos la personalidad e ideología de estos tres políticos. Así, los gobiernos de los presidentes Obama (2009-2017), Trump (2017-2021 y 2025) y Biden (2021-2025) han compartido como objetivo central de política exterior el contrapesar y balancear el ascenso de China en la medida en que supone una amenaza real, o al menos un desafío, al poderío estadounidense. Si bien Obama lo hizo de una manera más elegante intentando seducir comercialmente a la vecindad regional de China con su política del *pivot to Asia*, Trump escaló de manera ruda y sorpresiva en una tensión/guerra comercial y arancelaria con Beijing, y Biden intentó contrabalancear militarmente las aspiraciones chinas en el Indo-Pacífico con el AUKUS (alianza de seguridad trilateral entre Australia, el Reino Unido y Estados Unidos).

Este nuevo escenario ha motivado el que algunos autores hablen de una nueva Guerra Fría (o Guerra fría 2.0) entre Estados Unidos y China, aunque esto no parece ser preciso dada la alta interconexión e interdependencia entre ambas potencias a diferencia de lo que acontecía en la contienda bipolar entre Washington y Moscú desde 1947 hasta 1989-91. Otros autores como Amitav Acharya (2017), huyendo de visiones eurocéntricas ha planteado la irrupción de un "mundo multiplex", donde múltiples actores (estados, regiones, empresas y otros actores) coexisten y actúan con intereses y objetivos diversos, abocándonos a una mayor complejidad y dificultad para desentrañar las relaciones de poder y las motivaciones, con la consiguiente impredecibilidad de los sucesos y tendencias que se producen en el escenario internacional.

Por abordar solo alguna otra explicación de la geopolítica actual desde visiones críticas no dominantes, es reseñable el aporte de unos académicos latinoamericanos (Hirst *et al.*, 2024) que sostienen la existencia de dos nortes opuestos y diferentes (Estados Unidos y China), con capacidad de liderar, a la vanguardia de los avances tecnológicos que permiten incorporar valor añadido en el mundo actual y con cosmovisiones muy distintas sobre cómo entienden el orden internacional. Y, además un Sur Global heterogéneo, con poca capacidad de autonomía estratégica y dificultades para buscar sus propias agendas y no quedar supeditados a la dependencia de cualquiera de los dos nortes. Es este un escenario que deja mucho para la reflexión de la capacidad de agencia de la región latinoamericana como plantean los autores, pero también para otros actores que quedarían en una situación ambigua en cuanto a su posición para satisfacer sus propios intereses, como sería la Unión Europea.

LA INTELIGENCIA ARTIFICIAL GENERATIVA Y LOS TECNODESAFÍOS: LA POLARIZACIÓN SOCIOPOLÍTICA

Como ya apuntamos más arriba, la innovación y los avances tecnológicos son parte fundamental del valor añadido que han incorporado históricamente las empresas. Además, esto está, sin duda, conectado con las capacidades materiales de los estados, como apuntaría la teoría de la estabilidad hegemónica de Gilpin, que también ya mencionamos al hablar de la escuela estadounidense de la Economía Política Internacional.

No obstante, tanto la velocidad como la intensidad del cambio generado por lo que se conoce como inteligencia artificial generativa (IAGen)[4] y el uso de *big data* representa un punto de inflexión en lo que concierne a la diplomacia empresarial y a las relaciones público-privadas. Desde los desafíos vinculados al riesgo

4. Para seguir los avances e impacto de la inteligencia artificial generativa, se recomienda seguir a Álex Rayón, https://n9.cl/ok7t9.

reputacional y las *fake news* hasta la polarización y erosión a la democracia, la creciente digitalización y la irrupción de la IAGen nos abocan a un nuevo escenario que también nos interpela desde una dimensión ética. En primer lugar, nos parece relevante abordar una referencia a las limitaciones tecnológicas y cómo se relaciona con nuestro rol como seres humanos en este nuevo contexto. Así, como señala Harari (2024), "la fusión de la infotecnología y la biotecnología puede hacer que muy pronto miles de millones de humanos queden fuera del mercado de trabajo y socavar tanto la libertad como la igualdad. Los algoritmos de macrodatos pueden crear dictaduras digitales en las que todo el poder esté concentrado en las manos de una élite minúscula al tiempo que la mayor parte de la gente padezca no ya explotación, sino algo muchísimo peor: irrelevancia". Aunque no deja de ser una hipótesis o una predicción catastrofistas no contrastada, nos invita a reflexionar sobre la magnitud de estos cambios estructurales que modifican las asunciones no problematizadas sobre las que asentábamos hasta ahora el comportamiento humano en lo político y en lo económico. En última instancia, se reafirma la multidimensional y complejidad de desentrañar el actual panorama internacional, ya no solo desde la óptica geopolítica o económico-financiera, sino también desde vertientes sociopolíticas y ético-morales.

Y ahondando en estos tecnodesafíos, en segundo lugar, cabe mencionar un aspecto que es ya una realidad y que modela el relacionamiento de la sociedad, los representados, con sus representantes: la polarización política. No es este un fenómeno que haya surgido de manera espontánea, sino que su explicitación empírica se ha ido gestando gradualmente y se ha constatado de manera nítida en el transcurso del Brexit. En el susodicho proceso político-electoral en virtud del cual el Reino Unido decidió salir de la Unión Europea, se incorporaron unas prácticas que llegaron para quedarse: la posibilidad técnica para facilitar la segmentación de la información electoral en aras de conseguir un voto determinado basado en algoritmos que apelan a ciertas preferencias individuales del elector correspondiente. Así, la utilización de los datos personales atesoradas por *Facebook* para ser instrumentalizados políticamente por *Cambridge Analytica* permitió no solo personalizar los mensajes políticos, sino también hacer uso del sesgo de confirmación para que ciertos electores vieran reforzados ciertos mensajes, incluyendo las informaciones falsas (*fake news*) y los discursos de odio y de cariz más polarizantes. Como ya ha sido apuntado por algunos académicos (Caballero y Aín, 2024), la polarización política se nutre de un contexto previo de polarización psicosocial, donde el resentimiento y la "visión de túnel" impiden ver y escuchar opiniones diferentes que puedan generar las condiciones de posibilidad para un debate crítico racional. En el contexto actual, donde el uso de *big data* puede canalizarse por algoritmos que fortalezcan los sesgos y prejuicios previos de cada individuo, como quedó bien evidenciado también por los discursos antivacunas durante la pandemia del covid-19, ha generado una ruptura social donde ciertas partes de la sociedad visualizan y reconstruyen al resto como "un otro antagónico" *á la Carl Schmitt*, a la par que se reinventan arcadias y pasados inexistentes por parte de actores reaccionarios (Sanahuja y López, 2020). Esta instrumentalización de la nostalgia y las emociones por encima de la racionalidad espolea el voto visceral e identitario (como si de un hincha de un equipo de fútbol se tratara) por encima del voto racional y sustentado en intereses factibles y alcanzables. Y este fenómeno, en última instancia, se configura como uno de los principales desafíos de las democracias y erosiona la legitimidad política que se presupone a las democracias representativas liberales, con el peligroso aumento de las simpatías por regímenes autocráticos y/o iliberales, especialmente entre las generaciones más jóvenes.

CAMBIO CLIMÁTICO, ANTROPOCENO Y AGENDA 2030

En otro orden de cosas pero siguiendo con los grandes desafíos que se presentan en la coyuntura actual (y futura), se encuentra el calentamiento global y los efectos directos (e indirectos) que para la sociedad global entraña el cambio climático. La incorporación de los asuntos medioambientales en la agenda de Relaciones Internacionales se remonta al menos a la conferencia de Estocolmo de 1972, aunque ya antes hay referencias seminales como la del libro *Primavera silenciosa* de Rachel Carson en 1962. La vinculación entre desarrollo y medio ambiente y los desafíos que eso plantea a los postulados capitalistas de crecimiento infinito han vertebrado estos debates a lo largo de décadas[5]. Después de hitos (que no son objetos de análisis aquí por ir más allá del objeto de este libro) como la Conferencia de Río de Janeiro (1992), el Protocolo de Kyoto (1997) y el Acuerdo de París (2015), la lucha contra el cambio climático se consolidará de una manera cada vez más nítida como un *global issue* mayúsculo, con implicaciones en todos los demás ámbitos: desde la migración climática hasta las desigualdades (con la triste paradoja de que quienes menos contaminan son los que más afectados se ven por sus consecuencias y viceversa) pasando por la destrucción física de islas y otros territorios afectados. En paralelo a estas conferencias internacionales el lenguaje utilizado se irá modificando para poner énfasis en la idea de sostenibilidad que se encuentra en la base de lo que entendemos por diplomacia empresarial, en la medida en que trasciende la mera idea de lucro y beneficio en el corto plazo para proyectar un modelo sostenible en el tiempo y con un matiz de justicia intergeneracional, incorporando a las generaciones futuras y las condiciones en que puedan vivir en este planeta.

Las reflexiones críticas sobre este fenómeno han sido abundantes, siendo especialmente interesante la que versa sobre el concepto de Antropoceno, desarrollado por el premio Nobel Paul Crutzen en el 2000 y que hace referencia a la actual época geológica, que se definiría por el significativo impacto del ser humano en el conjunto del planeta. Más allá de las críticas sobre el concepto mismo, así como sobre la fecha exacta que motivaría la irrupción de la actual era geológica, este concepto ha captado la atención en la medida en que evidencia que las actividades

5. Para mayor profundidad en este tema y el desarrollo histórico y conceptual del Sur Global, ver https://n9.cl/e6f8ba.

humanas, políticas y económicas, trascienden a nuestra propia especie y ponen en peligro al resto de especies y al planeta en su conjunto. Se trata, por tanto, de una alerta sobre los riesgos del antropocentrismo que ha caracterizado a la modernidad a la par que sitúa el calentamiento global como una amenaza existencial para el ser humano y para el mundo en su totalidad.

Finalmente, cabe mencionar cómo estas preocupaciones se han canalizado a través de una agenda multilateral en lo que se podría considerar como la hoja de ruta que mayor consenso ha sido capaz de aglutinar en el escenario global: la Agenda 2030. Para abordar este tema, habría que retrotraerse una vez más al cambio de siglo cuando se impulsaron desde la ONU los Objetivos de Desarrollo del Milenio (ODM) en el 2000. Estos 8 objetivos, a pesar de sus logros y críticas, se constituyeron en una senda que transitar a la hora de poner el foco en el desarrollo, aunque la agenda de seguridad y terrorismo que trajeron los atentados del 11-S sacaron algunos de estos temas del radar internacional. De hecho, si el desempeño de los ODM fue muy positivo en su conjunto se debe principalmente al éxito individual de un país por mejorar sus indicadores y sacar a cientos de millones de personas de la pobreza: China. Frente a estas carencias y a esta lógica *top-down* de los países ricos "ayudando" a los países pobres, se gestó un nuevo gran consenso global con unas lógicas diametralmente opuestas, con un enfoque *bottom-up* y una mirada holística y abarcadora que incluyera no solo a todos los países del mundo, sino además a la sociedad civil, a las empresas multinacionales, a las ONG y demás actores. Es en este contexto en el que se gestaron los Objetivos de Desarrollo Sostenible (ODS) con sus 17 objetivos, con sus correspondiente metas e indicadores para medir su desempeño. Una vez más, independientemente de las valoraciones más detalladas que se escapan del objetivo de este trabajo, esta Agenda 2030 se configuró como una brújula que sirviera, aunque fuera de manera aspiracional, la dirección que deberían adoptar las distintas políticas públicas a nivel global y local para fomentar la sostenibilidad en las Relaciones Internacionales, pero también en las sinergias público-privadas.

LA DIPLOMACIA EMPRESARIAL COMO NEXO DEFINITIVO ENTRE LAS RELACIONES INTERNACIONALES Y LA GESTIÓN EMPRESARIAL

La diplomacia empresarial, en un contexto de estudios de Relaciones Internacionales y de internacionalización empresarial, es definitivamente la mejor forma de involucrar y negociar de manera constructiva y junto a las múltiples partes interesadas en establecer relaciones comerciales, con el fin último de prevenir y/o mitigar los riesgos no financieros influyendo en los diversos actores locales y globales.

A diferencia del *lobby*, que tiene como objetivo influenciar a los grupos de interés (en especial a la administración y opinión pública) para conseguir un objetivo concreto, la correcta aplicación de la diplomacia empresarial implica beneficios estratégicos de largo alcance. Los profesionales formados en diplomacia empresarial tienen las capacidades de diseñar estrategias de protección a sus empresas en un entorno internacional con riesgos y oportunidades desconocidos cuya comprensión escapa a las capacidades clásicas de la administración de empresas.

Estos beneficios inmediatos también pueden crear otros secundarios como la familiarización con actores fuera y dentro del entorno empresarial que pueden permitir inversiones estratégicas que incrementen a futuro la cuenta de resultados, así como diversifiquen sectorial y geográficamente la actividad empresarial. No obstante, frente a los beneficios se sitúan evidentemente los desafíos estratégicos. En particular, la falta de personal en condiciones óptimas de formación para comprender el entorno operativo y las necesidades de la empresa y sus clientes en el exterior. Los equipos directivos, y en mayor medida los cargos medios, consideran a menudo que sus empresas no disponen de una clara estrategia de internacionalización que incluya una metodología de identificación de actores y medición de riesgos no-financieros en todos los mercados donde operan.

Por ello, la mayoría de las empresas activas a nivel mundial reconoce la importancia de la diplomacia empresarial incluyendo en su concepción la adquisición de conocimientos diplomáticos y competencias para la gestión de la relación con los *stakeholders* no comerciales. En otras palabras, la diplomacia empresarial se consolida como un conocimiento complementario a las habilidades y competencias empresariales clásicas.

Para ello, los equipos directivos necesitan incorporar las competencias que tradicionalmente hemos atribuido a un diplomático. Por ejemplo, las compañías globales deben anticipar conflictos ambientales, comunicarse de manera efectiva con grupos de interés no comerciales, prevenir riesgos reputacionales, influir en la toma de decisiones de gobiernos extranjeros, mantener y cultivar relaciones constructivas con grupos de interés externos y negociar en nombre de la compañía en países extranjeros con grupos de empresarios. Enfrentados a los desafíos de la globalización y sus múltiples facetas comerciales y no comerciales, las compañías globales necesitan expandir el concepto tradicional de asuntos públicos y adquirir capacidades que protejan la exposición de las empresas multinacionales a las condiciones locales, trazando estrategias flexibles que permitan la realización de concesiones y adaptaciones continuas.

Junto a los actores públicos y privados de carácter empresarial, resulta imprescindible incluir para entender la Diplomacia Empresarial, las herramientas para comprender y trabajar junto a las organizaciones del tercer sector, así como de la sociedad civil en el país de origen y en el de implantación, engranando las agendas local y global. Las empresas globales deben seguir siendo sensibles a sus demandas y expectativas e intervenir en el momento adecuado para disipar confrontaciones potencialmente dañinas, así como cualquier posibilidad de riesgo reputacional.

En resumen, como detallaremos a continuación, la diplomacia empresarial crea nuevas oportunidades comerciales mediante una estrategia habilidosa que permite influir de manera proactiva en los actores públicos y privados para aprovechar nuevas oportunidades de negocios en todo el mundo, mitigando los riesgos no financieros. Por lo tanto, la gestión de la diplomacia empresarial nos enseña cómo:

- Ejercer influencia de forma transparente, ética, responsable y organizada, sobre los *stakeholders* económicos y sociales para crear y aprovechar nuevas oportunidades de negocios generando una ventaja competitiva.

- Trabajar con organismos internacionales encargados de elaborar normas cuyas decisiones afectan a las empresas internacionales.
- Acceder a las instituciones correspondientes para defender los intereses propios.
- Prevenir conflictos potenciales con los grupos de interés y minimizar riesgos políticos.
- Utilizar los múltiples foros internacionales y canales de medios para salvaguardar la imagen corporativa y la reputación.
- Impulsar y obtener más y mejor negocio.

PREGUNTAS PARA LA REFLEXIÓN

1. ¿Cómo describe el concepto de interregno la transición de un orden liberal agotado hacia uno en formación?
2. ¿De qué modo la crisis financiera de 2008 modificó las prioridades económicas y sociales internas de los países?
3. ¿Qué rol desempeñaron la pandemia de covid-19 y la polarización psicosocial en la emergencia de liderazgos nacionalistas?
4. ¿Cómo alteró el equilibrio de poder global la incorporación de China a la OMC en 2001?
5. ¿Qué implica la noción de "mundo multiplex" y cuáles son sus principales desafíos para las empresas globales?
6. ¿Cuáles son los riesgos y oportunidades que la inteligencia artificial generativa introduce en la diplomacia empresarial?
7. ¿De qué forma la polarización política condiciona la negociación corporativa con actores estatales?
8. ¿Cómo redefine el concepto de Antropoceno la responsabilidad social y ambiental de las organizaciones?
9. ¿Qué impacto puede tener la Agenda 2030 en la sostenibilidad empresarial?
10. ¿Cómo integrar los principales desafíos globales en un modelo de diplomacia empresarial anticipatorio?

CAPÍTULO 2

DIPLOMACIA EMPRESARIAL: CONCEPTO Y UTILIDAD

¿QUÉ ES LA DIPLOMACIA EMPRESARIAL?

La diplomacia empresarial se ha afianzado como uno de los elementos en los que se fundamenta la estrategia global de las organizaciones transnacionales. Estas se han constituido en interlocutores en procesos antes cubiertos por la diplomacia tradicional, adquiriendo así una posición relevante en la economía global. A diferencia de la diplomacia centrada en la representación de intereses nacionales, la diplomacia empresarial protege los intereses de las empresas, proyecta su influencia y gestiona sus objetivos en contextos internacionales (Smith y Lee, 2023). Mediante el uso de diferentes herramientas, la diplomacia empresarial va más allá de la promoción comercial, ya que trasciende para alcanzar objetivos de mayor calado, integrando beneficios económicos para la empresa y sociales para el país que la recibe. Las personas que toman decisiones en la organización deben responder a indicadores financieros y métricas administrativas, pero también deben satisfacer indicadores de legitimidad social (Porter y Kramer, 2011).

En este capítulo se presenta una visión general de la diplomacia empresarial, sus raíces históricas, las diferencias con la diplomacia estatal, así como los beneficios que puede aportar a la empresa y a la sociedad y las tendencias que parecen marcar su evolución.

CONCEPTO Y ASPECTOS TEÓRICOS

El concepto de diplomacia empresarial ha experimentado notables cambios para adaptarse a la evolución de la sociedad. Inicialmente, incluía una serie de técnicas y herramientas orientadas a la gestión de la imagen corporativa en la sociedad, con la intención principal de proteger dicha imagen y evitar situaciones conflictivas. Posteriormente, el énfasis se trasladó hacia la gestión activa de intereses corporativos, siguiendo el modelo de *lobbying*, una práctica extendida en Estados Unidos que busca influir en decisiones públicas.

Los desafíos encontrados en épocas recientes han impulsado el concepto de diplomacia empresarial para llevarlo más allá de una situación meramente reactiva o de promoción de intereses básicos, encontrando múltiples posibilidades para utilizarla en un rango más amplio de situaciones, favoreciendo intereses de mayor trascendencia y buscando la armonía con la sociedad en su conjunto. En la actualidad es difícil encontrar organizaciones transnacionales que no incluyan a la diplomacia empresarial en su planeación estratégica, con una paulatina extensión hacia empresas de menor tamaño.

Se puede considerar a la diplomacia empresarial bajo dos enfoques principales, ya sea que se interprete como una aplicación de los medios desarrollados por la diplomacia de estado y aplicada al ámbito de la empresa, o considerando que agrega elementos de legitimidad frente a la sociedad. En el primer caso, la empresa utiliza procedimientos y protocolos que corresponden a la diplomacia clásica o estatal y con el tiempo los ajusta a las necesidades de la era digital (Saner, 2019). En el segundo, la empresa se erige en un ente cuasi-estatal y centra gran parte de sus esfuerzos para poder adecuarse a sociedades cada vez más fiscalizadoras (Ruël, 2020). Una visión ecléctica, agrega una función de creación de valor compartido para hacer frente a la incertidumbre reputacional. Además, los nuevos desafíos globales han propiciado foros en los que las organizaciones pueden capitalizar su intervención, difundir sus valores declarados y alcanzar audiencias remotas. De ahí la necesidad de influir en las decisiones de organismos internacionales, países o entidades de diferente índole y tamaño (Valderrey, Sánchez y Delgadillo, 2022).

Independientemente de la óptica preferida, la diplomacia empresarial representa la capacidad estratégica de la empresa para gestionar sus relaciones con actores internos y externos, con el fin de crear un entorno favorable para su operación, crecimiento y sostenibilidad (Manfredi, 2018).

ORÍGENES Y EVOLUCIÓN HISTÓRICA

Se puede argumentar que el concepto de diplomacia empresarial tiene su origen en tiempos remotos, puesto que ya los fenicios y otros pueblos de la Antigüedad utilizaban algunos de sus principios, pero no es hasta el desarrollo de las grandes compañías del comercio colonial en que se puede hablar de diplomacia empresarial. En efecto, la Compañía de las Indias y otras grandes empresas de su época, fungían como estados en territorios extensos, incorporando funciones de política exterior para proteger sus intereses (Egea, Parra y Wandosell, 2020). A partir de esa época, la intersección de la diplomacia privada y la pública ha sido un fenómeno constante, con el desarrollo de empresas espoleado por la expansión de mercados globales, desarrollos tecnológicos y generación de poder económico por encima del que poseen algunos países.

La diplomacia empresarial, entendida en términos modernos, aparece en la segunda mitad del siglo XX, como respuesta a la expansión internacional de diferentes empresas (Fernández y Sánchez, 2022). Contrariamente a los ejemplos previamente mencionados, algunas de esas organizaciones adoptan prácticas de responsabilidad social, cuidan su imagen corporativa y establecen vínculos con diferentes actores, de alguna forma emulando las relaciones que llevan a cabo los países. A partir de ese momento puede distinguirse un proceso evolutivo de la disciplina que estudia la diplomacia empresarial, que puede dividirse en varias etapas, correspondiendo a las décadas de 1950 y 1960, las décadas de 1970 y 1980, la década de 1990 y desde el año 2020 hasta la fecha.

En el primer periodo se establecen redes de comercio transfronterizo, lo que propicia el auge de las Relaciones Internacionales privadas. En muchos casos, las empresas multinacionales identifican intereses comunes y entienden los beneficios de actuar de manera coordinada, respetando reglas no escritas que proyectan una imagen positiva en los mercados en los que operan. Coincide con el proceso inicial de descolonización, por lo que resulta imperativo mantener las relaciones con los gobiernos salientes y los entrantes para la protección de derechos extractivos, monopolios o privilegios en los mercados locales. En el segundo periodo se vuelve esencial gestionar la transición hacia una sociedad en la que se hace frente a los reclamos de países que aparecen en la escena internacional, con demandas de transferencias de control económico por parte de la población local, representada en gobiernos a menudo hostiles a los operadores económicos extranjeros. Las empresas multinacionales evolucionan en su relación con las autoridades locales, dejando atrás políticas meramente transaccionales para diseñar estrategias que permitan adecuarse a cambios drásticos, proyectando una imagen atractiva ante las demandas locales para la transferencia de derechos y propiedades (Saner, Yiu y Søndergaard, 2000).

La tercera etapa está marcada por el avance tecnológico, ya que el surgimiento del Internet y el auge de la digitalización acorta todo tipo de distancias, tanto físicas como culturales. Es el momento en el que aparecen diferentes tipos de mecanismos para enfrentar crisis de nueva cuña (Manfredi, 2018). Como no se había visto con anterioridad, un evento inesperado puede generar respuestas inmediatas a lo largo del planeta, lo que requiere nuevos planteamientos para gestionar los vínculos de la empresa con capacidad de proyección mundial.

Desde el año 2000 a la fecha, la diplomacia empresarial evoluciona para dar respuesta a diferentes elementos que requieren un enfoque proactivo. Dichos elementos pueden ser conflictos armados, atentados terroristas de dimensiones desconocidas, como en el ataque a las Torres Gemelas de Nueva York, o pandemias, entre otros. Al no disponer del tiempo suficiente para elaborar estrategias de respuesta a tales situaciones, el enfoque se desvía hacia la planeación para hacer frente a situaciones inesperadas, realizándose análisis de datos en tiempo real, de escenarios geopolíticos o de marcos regulatorios, con el fin de generar la capacidad de adaptación de las empresas y reducir la exposición ante factores externos adversos (Caballero y Arbiol, 2022).

DIFERENCIAS Y SIMILITUDES CON LA DIPLOMACIA TRADICIONAL

La diplomacia empresarial comparte diferentes elementos con la diplomacia tradicional, pero también presenta sus diferencias. Entre los primeros encontramos la negociación, la representación y construcción de alianzas, pero las diferencias son importantes, puesto que el estado responde a principios soberanos, mientras que la empresa persigue objetivos estratégicos de carácter económico, social y reputacional (Ruël, 2022).

La diplomacia tradicional sigue protocolos claramente establecidos, respondiendo a criterios jerárquicos, protocolos y canales formales, mientras que la diplomacia empresarial se lleva a cabo de manera más flexible, privilegiando el logro de objetivos sobre las formas (Valderrey, 2016). En el primer caso, la diplomacia se lleva a cabo por personal de carrera altamente especializado, mientras que, en el segundo caso, la función diplomática puede recaer en personas sin gran nivel de preparación, escasa experiencia internacional y sin los estudios necesarios. Con frecuencia, en este segundo grupo se pueden ver directivos que prefieren llevar directamente la gestión de temas relevantes, aunque la tendencia apunta a la delegación de asuntos de índole diplomática en los departamentos internos de la empresa creados al efecto. Eso sí, no debe considerarse que la diplomacia empresarial y la tradicional son antagónicas, puesto que el impacto de la acción diplomática aumenta considerablemente cuando empresas y gobiernos colaboran para construir sinergias. Es fácil observar esas sinergias en la promoción del comercio exterior de un país, la promoción de inversiones o la defensa de regulaciones medioambientales, donde el poder de representación del estado y los argumentos presentados por entidades privadas, pueden lograr mejores resultados.

Precisamente, los fundamentos estratégicos de cada uno de los tipos de diplomacia mencionados parecen fusionarse aceleradamente en la actualidad. Por ejemplo, se comparten los objetivos de alcanzar legitimidad en el ámbito internacional, en la proyección estratégica de intereses, en la influencia multilateral y en la vinculación de los intereses públicos y privados. En ambos casos, los objetivos planteados traspasan fronteras y requieren una comprensión de entornos geopolíticos, análisis de riesgo país y diseño de narrativas de gran alcance (Saner y Yiu, 2020). También ambos tipos de diplomacia comparten la capacidad de expresar valores y proyectarlos internacionalmente para obtener el apoyo o la preferencia de consumidores o ciudadanos de otros países en temas de controversia. Por último, es imprescindible vincular los modelos de negocio de las empresas con causas sociales, ambientales o culturales, para desarrollar una capacidad de intervención más legítima, al igual que ocurre con los estados.

Pese a los argumentos anteriores, existen marcadas diferencias entre la diplomacia pública y empresarial, ligadas a los fundamentos estratégicos de la segunda, pues la empresa debe ajustarse a escenarios menos estructurados. Tales escenarios abarcan diferentes dimensiones clave para las empresas, pero de gran complejidad, como son la institucional, la relacional, la simbólica, la operativa y la ética (Kumar y Singh, 2022).

La dimensión institucional obliga a la empresa a la creación de estructuras internas que puedan articular las diferentes funciones diplomáticas. Para ello se deben definir los roles asociados a diferentes puestos de responsabilidad, departamentos internos o agentes externos contratados para realizar dichas funciones. En el aspecto relacional se basa la capacidad adquirida para ejercer influencia en los diferentes medios. Es de especial relevancia mantener el vínculo con todos los grupos de influencia para asegurar el acceso a información valiosa y gestionar posibles conflictos. La dimensión simbólica permite codificar el discurso de la organización, para poder extenderlo de manera creíble en escenarios dispersos o fragmentados, puesto que la narrativa correctamente fundamentada puede tener mayor impacto que una presión política directa (Urbiola y Vázquez, 2010). En la dimensión operativa la clave reside en la articulación de acciones para que la narrativa previamente generada llegue al destino deseado.

Son muchas las acciones que deben ser utilizadas en los foros adecuados, bajo una coordinación y en respuesta al análisis contextual, pero los resultados pueden justificar plenamente el esfuerzo, pues permiten defender los intereses de la organización, anticipar cambios regulatorios o incidir en políticas públicas (Camilleri, 2022). Por último, la dimensión ética obliga a la alineación con principios de responsabilidad corporativa, derechos humanos y sostenibilidad. Aunque los principios anteriores debieran guiar a la práctica empresarial, no apegarse a ellos puede comprometer la imagen de la organización. En el aspecto positivo, el respeto a los mismos y la comunicación con transparencia pueden otorgar un diferenciador estratégico. A fin de cuentas, la diplomacia empresarial es un equilibrio entre poder e integridad (Fernández y Sánchez, 2022).

La siguiente tabla ofrece una visión de los dos tipos de diplomacia, estableciendo como criterios de comparación los objetivos, actores, métodos, alcance y tiempo de reacción de cada uno.

TABLA 1

COMPARACIÓN ENTRE DIPLOMACIA ESTATAL Y EMPRESARIAL

CARACTERÍSTICA	DIPLOMACIA ESTATAL	DIPLOMACIA EMPRESARIAL
Objetivo	Interés nacional	Intereses corporativos y RSC/ESG
Actores	Cuerpo diplomático	Alta dirección, consultores externos, relaciones públicas
Métodos	Tratados y foros multilaterales	Alianzas, diálogos multinacionales
Alcance	Interestatal	Local o global
Tiempos de reacción	Lento, con protocolos formales	Respuesta pronta o inmediata

Fuente: Adaptado de Berridge (2015) y Manfredi (2017).

En la diplomacia estatal, la prioridad es la tutela del interés nacional, mediante estructuras claramente establecidas. En la empresarial, se conjugan los intereses corporativos con la aportación de la empresa a la sociedad, por lo que su aplicación abarca diferentes actores y métodos de acción, aunque la respuesta ante situaciones inesperadas suele ser más veloz.

LA DIPLOMACIA EMPRESARIAL EN EL CONTEXTO GLOBAL ACTUAL

El entorno actual se caracteriza por su creciente complejidad, consecuencia de diversos factores que generan incertidumbre, ya sea en el ámbito geopolítico y económico, a los que se suman presiones relacionadas con la sostenibilidad y la transformación digital. Es por ello, que la diplomacia empresarial adquiere un rol relevante para aquellas organizaciones que buscan consolidar ventajas competitivas en los mercados internacionales (Caballero y Arbiol, 2022). La diplomacia empresarial ofrece una respuesta en ese entorno dinámico al enfrentar de forma proactiva los posibles retos que pudieran surgir para una organización. Tales riesgos suelen ser de naturaleza política, regulatoria o reputacional para la empresa, pudiendo amenazar la existencia de la misma o generar daños tangibles e intangibles.

Mediante la integración de mecanismos de diplomacia empresarial adecuados, se puede gestionar el posible impacto negativo y potenciar el positivo así como la contribución a la construcción de un desarrollo sostenible e inclusivo de los territorios donde operan. Por ejemplo, pueden implementarse sistemas de inteligencia contextual y predictiva que alerten sobre cambios en normativa ambiental, tensiones geopolíticas o boicots de consumidores, y la visión obtenida puede apuntar también hacia las ventajas competitivas de la empresa en un entorno cambiante. En efecto, el uso proactivo de los mecanismos que ofrece la diplomacia empresarial permite la expansión estratégica hacia nuevos mercados, al poder navegar en entornos complejos con información estratégica y el desarrollo de vínculos en los mercados locales en los que se desee operar (Ruëll, 2020).

Por lo anterior, puede decirse que la diplomacia empresarial permite a las organizaciones enfrentar desafíos internacionales, capitalizar oportunidades a corto, medio y largo plazo y generar una imagen y reputación sobre las que pueden cimentarse marcas globales.

BENEFICIOS PARA LA EMPRESA

Hay muchas formas de interpretar los beneficios de la diplomacia empresarial, aunque un concepto que se ha popularizado puede resumirlo: el poder blando o *soft power*. El término fue popularizado por el académico Joseph Nye a principios de siglo y se refiere a la capacidad de influir en otros mediante el convencimiento y sin necesidad de recurrir a mecanismo de coerción. Es decir, en vez de intentar alterar conductas y decisiones mediante la fuerza o el dinero, se busca que mecanismos como la cultura o los valores influyan positivamente en las decisiones. El concepto aplica a la diplomacia pública y a la privada; a nivel público, por ejemplo, los países buscan promover sus valores, raíces y aspectos agradables para generar respuestas positivas a la denominada marca país. En el ámbito privado, los esfuerzos pueden ser ímprobos para construir marcas globales basadas en productos o servicios de calidad, pero con el respaldo de valores con los que asocia gran número de consumidores (Hernani-Merino y Montero-Santos, 2014).

En líneas generales, los beneficios pueden llegar en dos vías diferentes, tanto en la reducción de situaciones conflictivas, como en la estabilidad de las organizaciones, mediante la adhesión a protocolos internacionales que faciliten las operaciones comerciales o de producción fuera del país de origen.

En la dimensión reputacional, por ejemplo, el beneficio se asocia a la mejora de la legitimidad, mediante el apego a certificaciones internacionales. En el aspecto operativo, la reducción de riesgos puede alcanzarse mediante el acceso preferente a licencias, mientras que en el ámbito competitivo, se puede conseguir la entrada a mercados complejos mediante alianzas público-privadas. En términos de sostenibilidad, el cumplimiento de los ODS propicia iniciativas de economía circular y en innovación se puede obtener el acceso a redes de conocimiento mediante la participación en consorcios tecnológicos. Por último, en la dimensión financiera, la atracción de capital responsable puede ser consecuencia del uso correcto de bonos verdes o sostenibles.

EL MODELO DE LOS *STAKEHOLDERS* EN LA DIPLOMACIA

La diplomacia empresarial depende de diferentes factores, siendo uno de los principales la capacidad de identificar, analizar y gestionar las relaciones con los múltiples actores con los que una organización interactúa. El modelo conocido como de *stakeholders* o grupos de interés de respuesta a la necesidad de actuar con precisión para atender a los diferentes públicos a los que atiende una empresa. Algunas de esas relaciones son obvias, como la que le une a sus clientes o proveedores, pero otras son más sutiles y merecen ser analizadas con cautela, puesto que son relevantes para el funcionamiento y desarrollo de una organización. La identificación correcta de los grupos con los que se mantienen relaciones importantes permite desarrollar estrategias adecuadas de comunicación, atender las preocupaciones que expresan, las que quedan implícitas o incluso las oportunidades que con frecuencia nos señalan. Se trata de un modelo probado, flexible y que se adapta a diferentes necesidades, aunque posiblemente su mayor aportación sea la simplicidad con la que nos permite entender quiénes son los actores que forman un ecosistema empresarial. La traducción del término *stakeholders* como grupos de interés es correcta, pero tal vez no transmita la intensidad del concepto como lo hace en el idioma inglés. En el mundo empresarial anglosajón, los *stakeholders* no son simples partes interesadas con un cierto vínculo con la empresa, más bien son parte intrínseca de un ecosistema sólido que de alguna forma parece otorgarles las credenciales para que sus voces sean escuchadas en una empresa moderna y profesionalmente administrada. A su vez, los *stakeholders* son los actores junto a quienes las empresas contribuyen al desarrollo sostenible e inclusivo, clave para la competitividad y la rentabilidad a medio y largo plazo.

IDENTIFICACIÓN DE LOS GRUPOS DE INTERÉS (*STAKEHOLDERS*)

Como resulta obvio, el primer paso en este modelo consiste en la correcta identificación de los grupos de interés. Para lograrlo es imprescindible un entendimiento profundo del entorno inmediato de la empresa, así como de otros que pueden parecer más distantes, pero que no deben quedar fuera de la órbita de la organización. Precisamente por ello, es necesario establecer una representación gráfica o un mapa en el que se pueda entender las relaciones que unen a cada grupo con la empresa. De esa forma, se separan los grupos en dos categorías, la interna y la externa.

A la categoría interna pertenece toda persona que colabora dentro de la empresa, es decir, todos los empleados en su conjunto, aunque separando a quienes ocupan puestos con poder de decisión relevante, ya que ese poder de decisión les confiere una situación aparte. Esta categoría también engloba a dos grupos que de alguna forma actúan como puente con el mundo exterior: son los accionistas o propietarios y los sindicatos. En ambos casos, pueden estar más o menos próximos al ecosistema de la empresa, pero dependiendo de su estilo de toma de decisiones y poder real, pueden desarrollar una relación de mayor o menor intensidad.

A continuación, se comparten algunos puntos importantes que distinguen a cada grupo de interés interno:

- Empleados: son actores protagónicos, tanto en el proceso productivo y la prestación de servicios, ya que representan la cultura y los valores de la empresa. Los descuidos hacia este grupo pueden tener gran impacto, por lo que se debe atender su bienestar personal, desarrollo profesional y condiciones laborales, ya que todo malestar que se genere puede proyectar una imagen negativa en la sociedad.

- Directivos: en términos de diplomacia empresarial, corresponde a este grupo la visión global, la estrategia y la planificación de las acciones de vinculación con todos los grupos. Deben contar con la capacidad inequívoca para desarrollar con éxito esas funciones y transmitir en todo momento la imagen deseada por la organización, con énfasis en el largo plazo y en las contribuciones de la empresa a la sociedad.
- Accionistas/propietarios: son los dueños de la empresa, pero no por ello deben ejercer un control que corresponde a quienes dirigen la organización y desarrollan su operación cotidiana. Si bien en fechas recientes está cada vez más asumido que en ese rol de accionistas o propietarios debieran cooperar y facilitar el trabajo cotidiano de directivos y empleados, no siempre este grupo se constituye en embajador de la marca o la empresa. Su rol, sin embargo, debiera orientarse a temas de gran trascendencia, como son la gobernanza, la solidez de la organización y el apego al cumplimiento de normas y obligaciones, destacando el compromiso social y con el medio ambiente por encima de la obtención de beneficios económicos.
- Sindicatos: con frecuencia la imagen de este grupo queda estigmatizada o incluso interpretada como de confrontación con los intereses de la empresa. No debiera existir esa postura antagónica, puesto que la defensa de los derechos de sus representados debiera poder ser compatible con la imagen corporativa, ya que del éxito de la empresa se tendrían que derivar beneficios para todos sus colaboradores. Debido a que los sindicatos tienen esa naturaleza tan peculiar, debieran ser un público de atención preferente.

En la categoría externa las relaciones pueden ser más difíciles de visualizar, ya que incluye a grupos más heterogéneos, como son los siguientes: clientes, proveedores, gobiernos y entes reguladores, comunidades locales, organizaciones no gubernamentales, medios de comunicación y otros actores. Es decir, en esta categoría los grupos pueden ser diversos e incluso cambiantes.

A continuación, se presentan los principales grupos de interés externo:

- Clientes: constituyen un grupo de gran importancia, puesto que son los receptores del producto o servicio ofrecido por la empresa y quienes tienen el poder para determinar el éxito o el fracaso de la organización. Sin su colaboración no se obtienen los ingresos necesarios para la operación de la empresa, por lo que su monitoreo constante, la escucha de sus opiniones y la atención a sus preferencias juegan un rol determinante.
- Proveedores: aunque en ocasiones no se les otorgue la importancia debida al suponer erróneamente que mantienen una relación de subordinación con quienes adquieren sus productos, en realidad tienen el control sobre los diferentes insumos para fabricar un producto o servicio y comercializarlo en términos de calidad y precio competitivo.
- Gobiernos y entes reguladores: este grupo suele presentar una multiplicidad de actores, puesto que interactúan en diferentes niveles. Debido a su control sobre el marco normativo y legal requieren atención para evitar relaciones negativas.
- Comunidades locales: aunque el peso de una comunidad local puede variar en gran medida, cualquier organización debe escuchar atentamente su voz, sus demandas e inquietudes, puesto que suelen tener el poder suficiente para aceptar a la empresa o cerrar sus instalaciones. Son numerosas las normativas y prioridades a atender, especialmente las relacionadas con el bienestar de la población y el respeto a un entorno sostenible.
- Organizaciones no gubernamentales: las organizaciones no gubernamentales (ONG), pueden jugar diferentes roles, siendo por ello fundamental atender sus intereses y colaborar con ellas para evitar relaciones negativas y en su lugar construir conjuntamente hojas de ruta que puedan amplificar acciones positivas de la empresa en su entorno inmediato.

- Medios de comunicación: al igual que en el grupo anterior, en este se pueden desarrollar imágenes de ambos signos, aunque el poder de transmitir un mensaje es muy superior que en el caso anterior. Es un grupo que no puede ser descuidado, como han aprendido demasiadas empresas.
- Otros actores: en este grupo se incluyen actores que pueden incidir en gran medida en la empresa. Probablemente los competidores son los más visibles, pero puede haber un gran número de instituciones, personas, o entidades que puedan aportar a la visión de la organización o generar un impacto negativo sobre ella.

HERRAMIENTAS Y METODOLOGÍAS PARA EL ANÁLISIS

El concepto de grupos de interés se ha ido desarrollando a lo largo de los años, en los que han surgido metodologías para su análisis, pudiéndose destacar las de matriz de poder/interés, mapa de redes, análisis DAFO, entrevistas y grupos de enfoque, y monitoreo de medios y redes sociales, como se explica a continuación:

- Matrices de poder/interés: es una matriz en la que se comparan a los diferentes actores en dos dimensiones, que son el grado de influencia que tienen y el nivel de interés sobre las actividades de la empresa.
- Mapa de redes: son representaciones gráficas de las relaciones entre los diferentes actores involucrados, incluyendo posibles sinergias y áreas de conflicto.
- Análisis DAFO relacional: en este caso particular, se aplica el análisis DAFO (Debilidades, Amenazas, Fuerzas y Oportunidades) a los grupos de interés.
- Entrevistas y grupos de enfoque: consiste en realizar entrevistas a personas clave y a grupos que pueden proporcionar información valiosa para entender al grupo, pese a no ser parte de una muestra estadísticamente representativa.

- Monitoreo de medios y redes sociales: se lleva a cabo un análisis profundo de la presencia en los medios y en redes del grupo de interés que se desee analizar.

Cada una de las herramientas mencionadas forman parte de un amplio espectro que permite identificar a los diferentes grupos, analizar su funcionamiento, las personas claves, quienes toman las decisiones, así como un diagnóstico de la situación que permitirá tomar decisiones con información respaldada por fuentes de información más fidedigna.

Se recomienda no limitarse al uso de una sola herramienta para poder aprovechar sinergias de información y obtener una visión más completa de la situación bajo análisis. Constantemente se agregan nuevas herramientas para captar información con mayor detalle y profundidad, por lo que la lista anterior no puede considerarse como una lista cerrada. El desarrollo de la inteligencia artificial ofrece resultados sorprendentes, pese a tratarse de tecnologías incipientes con gran potencial de ulteriores desarrollos. En la tabla 2 se recogen las principales herramientas para el análisis de grupos de interés.

TABLA 2

HERRAMIENTAS PARA EL ANÁLISIS DE GRUPOS DE INTERÉS

HERRAMIENTAS	FINALIDAD	EJEMPLO
Matriz de poder/interés	Priorizar actores	Identificación de *stakeholders* relevantes
Mapa de redes	Visualizar conexiones	Detección de nodos de influencia
Análisis DAFO relacional	Diagnóstico estratégico	Fortaleza de las relaciones
Entrevistas y grupos de enfoque	Captar percepciones	Opiniones relevantes
Monitoreo de medios y redes sociales	Medición de opiniones	*Social Listening*

Fuente: Elaboración propia.

EL ROL DEL DIPLOMÁTICO EN LA EMPRESA

Tras realizar diferentes menciones sobre la importancia de la diplomacia empresarial, se vuelve imprescindible identificar a la persona en quien recae la responsabilidad sobre esa función. Obviamente, en el nivel corporativo, no suele haber una sola persona con la responsabilidad de tan amplia función. De todas formas, se puede hablar en modo abstracto para proyectar a la persona ideal para a cumplir con los objetivos planteados. De manera que, con ese espíritu, se comparten seguidamente las funciones a realizar por tal persona ideal para así trazar ese perfil de persona ideal para garantizar el éxito de esos esfuerzos por parte de la organización.

Se pudiera identificar a dicha persona como a un "embajador itinerante" de la empresa con la misión de conseguir que converjan intereses dispares, acercar a culturas organizaciones diferentes y generar impacto positivo (Ruël, 2020). A esa persona, se le asignarían las responsabilidades siguientes: inteligencia del entorno, construcción y mantenimiento de relaciones, comunicación y representación, negociación y resolución de conflictos y asesoramiento interno.

- Inteligencia del entorno: obtener la información sobre el entorno, a través de múltiples mecanismos, con el fin de desarrollar una visión confiable de la situación de la empresa y las situaciones que puedan tener impacto sobre sus intereses.
- Construcción y mantenimiento de relaciones: mantener y desarrollar relaciones de valor con socios estratégicos y grupos de interés, con el fin de avanzar propuestas y desactivar situaciones con impacto potencial negativo.
- Comunicación y representación: mantener una imagen coherente a los intereses de la organización, teniendo la presencia requerida en los medios y fungiendo como representante de la empresa.
- Negociación y resolución de conflictos: resolver conflictos actuales o potenciales, mediante el uso de técnicas de negociación, con la intención de propiciar relaciones positivas con los diferentes grupos.
- Asesoramiento interno: comunicar a la alta dirección los diferentes temas que pudieran resultar de interés para la

toma de decisiones estratégicas, así como apoyar a colaboradores de diferentes niveles en temas relevantes para tal persona y la organización.

MECANISMOS DE DIÁLOGO CON LA SOCIEDAD

Tras realizarse el análisis de los grupos previamente identificados, se procede a establecer mecanismos que aseguren una comunicación constante, usando tanto canales formales, como informales.

Canales formales

Se denominan canales formales a aquellos mecanismos con los que se sistematiza el intercambio de información con las diferentes partes interesadas. Se fijan protocolos y las reglas a seguir no dejan lugar a dudas, como ocurre con los que se mencionan a continuación:

- Reuniones y consultas oficiales: son citas y reuniones periódicas o convocadas para tratar algún tema en especial, pero siempre respetando formalismos en la invitación, el desarrollo de las sesiones y el asentamiento de los acuerdos alcanzados.
- Publicación de informes y reportes: se trata de elaboración de informes en los que se fijan posturas y se informa a la sociedad de programas, compromisos y acciones específicas.
- Participación en foros internacionales: consiste en la presencia en encuentros internacionales del sector o de temas de interés, en los que la organización presenta posiciones, compromisos o una imagen clara en foros de alto impacto mediático, con representación por parte de alguna persona responsable de la empresa.

Canales informales

En este grupo se incluyen todos aquellos canales que no siguen las reglas y procedimientos de los canales formales. Tienen la ventaja de mayor flexibilidad y capacidad de respuesta inmediata y de mayor alcance geográfico, como los que se mencionan a continuación:

- *Networking* y eventos sociales: bajo este término inglés se incluyen actividades que permiten establecer un contacto directo con personas con poder de decisión en alguna entidad de interés. El propósito es potenciar las relaciones mediante la cercanía de las personas, mientras que los eventos sociales propician ese intercambio, si bien con menor protagonismo personal, pues lo importante es actuar en representación oficial de la empresa. En el primer caso, el vínculo es personal, mientras que en el segundo el vínculo es entre organizaciones y no tanto entre individuos.
- Plataformas digitales y redes sociales: el monitoreo constante de plataformas digitales, correo electrónico y redes sociales tiene la finalidad de establecer contactos, comprender sentimientos hacia la empresa o respecto a determinadas temáticas y, en general, mantener una relación que pueda fácilmente modularse a través de programas y aplicaciones informáticas.

Como en los casos en los que se disponen de una variedad de herramientas, es importante no seleccionar una sola, pues probablemente no pueda proporcionar los resultados que podrían obtenerse al combinar varias de ellas.

GESTIÓN DE EXPECTATIVAS Y CONFIANZA

La administración de las relaciones con los grupos de interés obedece a varias razones, siendo la principal el control de la comunicación para establecer una relación de beneficio. Tales relaciones se cimentan en la confianza, misma que requiere satisfacer expectativas previas. Dada esa importancia, se necesita una gestión profesional mediante mecanismos que incidan en los conceptos que se mencionan a continuación:

- Transparencia: se trata de intercambiar información sin mermar su contenido, especialmente en aquellos aspectos que puedan ser de especial interés para quien recibe la información. Este concepto va más allá de informar con todo detalle y debe enfocarse a la comunicación de lo que otros actores consideren relevante.
- Credibilidad: la credibilidad se obtiene a través de la demostración prolongada de actitudes y decisiones apegadas a principios éticos y con la demostración del respeto de reglas y procedimientos. No se adquiere con la presentación de un informe perfectamente documentado, sino con el esfuerzo constante que garantiza un determinado comportamiento que no despierte dudas.
- Empatía y escucha activa: la empatía supone un esfuerzo para entender los deseos o necesidades de la contraparte, cuyo primer paso suele ser prestar atención cuidadosa a esos mensajes, mediante la escucha activa. Es decir, se combinan el esfuerzo para escuchar y entender al grupo de interés.
- Compromiso de largo plazo: las acciones y actitudes previamente mencionadas deben ser parte de un esfuerzo que se proyecte en el tiempo. Sin un compromiso a largo plazo, tales acciones requieren esfuerzos adicionales que merman la eficiencia de su gestión.

En resumen, cualquier acción positiva orientada hacia los grupos de interés debe quedar dentro del marco de la construcción de la reputación de la empresa, con el beneficio de mejorar las relaciones con los diferentes actores con los que se interactúa.

FUNCIONES DE LA DIPLOMACIA EMPRESARIAL

La diplomacia empresarial engloba una amplia serie de funciones, entrelazadas entre sí, para proteger a la organización y permitirle su desarrollo fuera de su mercado de origen, mediante la gestión estratégica de su posicionamiento, imagen y relaciones con sus grupos de interés. Entre tales funciones, sobresalen cinco: representación institucional, gestión de reputación, alianzas estratégicas, prevención de conflictos y gestión de riesgos, como muestra la siguiente tabla.

TABLA 3

FUNCIONES DE LA DIPLOMACIA EMPRESARIAL

FUNCIÓN	DESCRIPCIÓN	EJEMPLO
Representación institucional	Defensa de intereses	Participación en foros multilaterales
Gestión de reputación	Fortalecimiento de imagen	Campañas de sostenibilidad
Alianzas estratégicas	Cooperación	Proyectos de innovación
Prevención de conflictos	Reducción de tensiones	Mesas de diálogo comunitario
Gestión de riesgos	Anticipación de crisis	Sistemas de alerta temprana

Fuente: Elaboración propia.

A continuación, se presenta una breve explicación de cada una de las principales funciones de la diplomacia empresarial incluidas en la tabla 3.

REPRESENTACIÓN INSTITUCIONAL

Esta función es clave, puesto que permite la interacción formal con otras entidades y la promoción activa de los intereses de la empresa. Al margen de lo previamente mencionado, la representación institucional se lleva a cabo mediante las acciones conocidas en inglés como *lobbying* y *advocacy*. En ambos casos, se trata de acciones deliberadas e integradas a un plan. La primera acción se realiza de manera abierta en muchos países, con la finalidad de influir en políticas públicas o decisiones que afectan a una empresa o su sector. La segunda acción, se centra en un solo objetivo, y tiene un enfoque de movilización del mayor número posible de personas solidarias con las acciones propuestas. En el primer caso, la interacción se lleva a cabo de manera más discreta y con personas con suficiente poder de decisión para influir en cursos de acción de gobiernos. En el segundo caso, lo importante es abarcar a un gran público e influir en opiniones de grupos e individuos, aunque la vinculación con la empresa sea más débil.

GESTIÓN DE LA REPUTACIÓN CORPORATIVA

Contrariamente a las acciones de *advocacy*, la gestión de la reputación corporativa recae en especialistas, con la preparación específica para poder entender fenómenos que impliquen la imagen o reputación de la empresa y tomar medidas de manera inmediata para contrarrestar situaciones de conflicto. Se trata de profesionales con la capacidad para controlar la comunicación estratégica y monitorear la interacción con las diferentes audiencias de interés. En el primer caso, quienes gestionen la reputación corporativa deben conocer la propuesta de valor de la empresa y poder articular mensajes clave dirigidos a audiencias grandes y pequeñas conforme a la segmentación de audiencias que realice (Ortega, 2022).

FACILITACIÓN DE ALIANZAS Y COOPERACIÓN

Uno de los resultados esperados de la diplomacia empresarial es el desarrollo de alianzas con el propósito de cooperar para el beneficio mutuo con otras organizaciones. Independientemente de la naturaleza del intercambio realizado, se buscan sinergias para mejorar la competitividad de la empresa en diferentes entornos. Se puede llevar a cabo de diferentes maneras, pues son numerosas las herramientas disponibles, pero el primer paso debe ser siempre la identificación de los socios estratégicos presentes y con potencial para el futuro. Las posibles relaciones con grupos de interés pueden plasmarse en mapas de socios estratégicos, para llevar a cabo el correspondiente análisis. El paso posterior es la negociación formal para conseguir forjar las alianzas, sean operativas y perduren en el tiempo. Para ello se necesita la definición de roles y responsabilidades de las partes implicadas, así como el establecimiento de mecanismos de control y evaluación de los acuerdos.

PREVENCIÓN DE CONFLICTOS

Prevenir conflictos o moderar su impacto, es una función básica de la diplomacia empresarial. En un entorno tan dinámico como el actual, es necesario entender las posibles causas detonantes de conflictos y cómo se pueden identificar fricciones incipientes antes de que adquieran proporciones que los vuelvan difíciles de gestionar. Para ello se debe hacer un mapeo de riesgos potenciales y evaluar su posible impacto. Se pueden utilizar matrices de riesgo y sistemas de alerta, puesto que es necesario entender los conflictos latentes para así evitarlos o tomar las medidas oportunas para darles respuesta inmediata y certera. Otras herramientas útiles para esta función son los protocolos previamente establecidos para gestionar situaciones de conflicto y los canales de comunicación que permitan realizar contactos oportunos y enviar mensajes a los públicos de interés.

GESTIÓN DE RIESGOS

Las acciones sugeridas en los apartados anteriores deben ser parte de una acción articulada por una persona o departamento en la empresa con la capacidad para desarrollar una visión de 360 grados de la organización, para evitar acciones aisladas que dañen la reputación de la empresa, generen situaciones de impacto negativo o afecten relaciones de alto valor con grupos de interés. En muchos casos se trata de riesgos específicos que ocurren de manera inesperada, pero en otros temas el riesgo es permanente. Por ejemplo, el respeto a la sostenibilidad implica esfuerzos permanentes, con un grave riesgo inherente al cumplimiento de un compromiso de alcance mundial. De manera que el concepto de riesgo debe ser interpretado como una posibilidad de cambio en el *statu quo* de la empresa y no necesariamente negativo. Eso sí, es imprescindible anticiparse a cualquier cambio para intentar obtener resultados consistentes con los objetivos de la organización. En ese mismo sentido debe interpretarse la función de la diplomacia empresarial, puesto que más que una suma de elementos es la combinación de ellos para diseñar una estrategia y elegir un curso de acción ante lo imprevisto.

PREGUNTAS PARA LA REFLEXIÓN

1. ¿Cómo se distinguen los objetivos de la diplomacia empresarial respecto a los de la diplomacia estatal?
2. ¿De qué forma puede generar valor compartido la diplomacia empresarial?
3. ¿Cuáles son los grupos de interés internos y externos clave y cómo configuran la estrategia organizacional?
4. ¿Qué beneficios aporta la identificación de *stakeholders* en la anticipación y prevención de conflictos?
5. ¿Cómo refuerza la diplomacia empresarial la respuesta ante crisis globales?
6. ¿De qué manera contribuye la diplomacia empresarial a la mitigación de riesgos políticos, regulatorios y reputacionales?
7. ¿Cómo se traduce la aplicación del *soft power* corporativo en ventajas competitivas sostenibles?
8. ¿Cómo puede alinearse la diplomacia empresarial con los ODS para impulsar iniciativas de sostenibilidad?
9. ¿Existen casos que demuestren que la diplomacia empresarial puede unir y potenciar objetivos públicos y privados en la construcción de alianzas?
10. ¿Cómo puede una empresa mantener la comunicación con sus distintos grupos de interés?

CAPÍTULO 3

COMUNICACIÓN Y NEGOCIACIÓN INTERCULTURAL

HERRAMIENTAS DE COMUNICACIÓN

La comunicación es la piedra angular en la estrategia de la diplomacia empresarial, ya que permite el enlace con los diferentes grupos de interés y así optimizar esfuerzos. La comunicación persigue objetivos internos a la organización para lograr cohesión entre sus colaboradores, al igual que objetivos externos, con los que se posiciona a la empresa en los mercados en los que se quiera tener presencia. Hay ciertas áreas de la comunicación que son particularmente relevantes para la diplomacia empresarial, como son la comunicación intercultural, la relacionada con la diplomacia pública, la que facilita la transparencia y la que permite la adecuada gestión de la información. A continuación, se comparte una visión sucinta de dichas áreas.

COMUNICACIÓN INTERCULTURAL: PRINCIPIOS Y RETOS

Cualquier función de la diplomacia requiere la capacidad para establecer contacto, desarrollar una negociación y obtener acuerdos, pero estos elementos requieren de mayor atención cuando la diplomacia se proyecta en otras culturas. Si bien los elementos del proceso de comunicación pueden ser los mismos, la riqueza de matices impone una consideración aparte, especialmente cuando intervienen idiomas diferentes. En ese caso, junto con el idioma, suelen aparecer las diferencias en la comunicación no verbal, los gestos, las expresiones, la proximidad física y toda una serie de factores que separan a personas pertenecientes a culturas diferentes.

En general, las diferencias se agrupan a dos entornos opuestos, denominados de alto y bajo contexto. En el primer caso, el contexto es determinante para descifrar mensajes y se imponen reglas no escritas, frecuentemente difíciles de interpretar para quien no pertenece a la sociedad de alto contexto. Por ejemplo, en una cena de negocios en China, hay una infinidad de detalles imperceptibles para alguien que visita el país por primera vez, pero que transmiten información valiosa para la parte local. Puede parecer nimio el detalle de la posición en la mesa que ocupa cada comensal, pero en China quien está directamente en frente de la puerta es la persona de mayor jerarquía. Ocurre a la inversa cuando una comitiva de ese país visita a una empresa española y siente un vacío al tratar de adivinar la importancia de cada persona en su organización, se sorprende al no darse un intercambio previo de obsequios, entre otros detalles.

En las culturas de bajo contexto, la comunicación es directa y se agradece la descripción clara y completa de lo que pretende decirse, frente a una comunicación amable, pero más tortuosa. Estados Unidos es ejemplo de este segundo contexto cultural y sus ejecutivos son famosos por ir directamente al tema de importancia, evitando preámbulos que consideran innecesarios. En efecto, en ese país la percepción de valor del tiempo es diametralmente opuesta a la de otros países, especialmente en el mundo musulmán, lo que exaspera a personas de esas culturas cuando pretenden llevar a cabo un negocio conjunto.

La lista de situaciones de conflictos originadas por diferencias culturales sería demasiado larga para incluirla en estas líneas, pero basta con decir que es un tema relevante para las empresas que envían personal directivo al extranjero o reciben a personas de otros países. Muchas empresas invierten en programas para entender las sutilezas de la comunicación intercultural, lo que ayuda a disminuir los conflictos interculturales y a mejorar los resultados de las negociaciones internacionales (Iván, 2023).

Es difícil encontrar áreas y funciones en las que no impacte la transformación digital. La diplomacia empresarial no es excepción y ha debido adaptarse a las condiciones de los nuevos medios de comunicación. La evolución ha sido gradual, pero es esperable que los cambios continúen a velocidad vertiginosa, en respuesta a los cambios en diferentes tecnologías.

En la actualidad, es imprescindible desarrollar una estrategia que integre a los diferentes medios disponibles y considere los ligados a tecnologías emergentes. Las nuevas tecnologías abren oportunidades para llegar a audiencias más amplias y, al mismo tiempo, con mensajes más personalizados. La disponibilidad de nuevas herramientas es cada vez más amplia, como puede verse en la tabla 4.

TABLA 4

HERRAMIENTAS DIGITALES Y GESTIÓN DE REPUTACIÓN

HERRAMIENTA	FINALIDAD	EJEMPLO
Social Listening	Monitoreo de opinión pública	Detección de *hashtags* críticos
Big Data	Análisis predictivo	Anticipación de crisis reputacionales
Content Marketing	Generación de contenido estratégico	*Blogs* y videos informativos
Chatbots	Atención automatizada	Gestión de consultas en tiempo real
Plataformas de transparencia	Rendición de cuentas	Portales de información abierta
Simuladores de crisis	Preparación ante escenarios adversos	Ejercicios de simulación reputacional

Fuente: Elaboración propia.

- *Social Listening*: es la práctica de escuchar los mensajes relacionados con la empresa que están presentes en las redes sociales. Muchos de esos mensajes llegan directamente a la organización, pero tantos otros son anónimos, no están dirigidos intencionalmente a ella, o por algún motivo no se reciben con claridad. Por ejemplo, pueden inciarse *hasthtags* críticos que lleven al desprestigio de marcas por parte de clientes insatisfechos.

- *Big data*: el manejo de grandes cantidades de datos permite el análisis predictivo del entorno. Por ejemplo, pueden anticiparse crisis reputacionales que escaparían a los análisis realizados con pequeñas muestras o sin la posibilidad de un análisis profundo de la información disponible.
- *Content Marketing*: es una estrategia basada en la creación de contenido con valor para los grupos de interés. El contenido puede variar para adaptarse a las preferencias de los grupos, al igual que el medio para que lleguen a la audiencia deseada. Pueden ser blogs especializados en un tema, documentos o vídeos que captan la atención para quienes comparten el interés sobre una temática, sin que necesariamente esté ligada a la empresa que genera el contenido.
- Chatbots: mediante un chatbot se pueden ofrecer respuestas automatizadas, lo que resulta idóneo para proporcionar información en tiempo real y de manera dirigida. Con la inteligencia artificial, la calidad de las respuestas ha convertido a este instrumento en ayudantes personales con capacidad de proporcionar una atención de alto nivel de calidad.
- Plataformas de transparencia: este tipo de plataformas es ideal para enviar un mensaje claro e inequívoco a la sociedad sobre temas de interés general o simplemente para fijar posturas, rendir cuentas o informar con detalle sobre estrategias y acciones por parte de la organización. Es un medio usado con frecuencia para compartir información sobre planes de sostenibilidad o de proyectos que benefician a la sociedad.
- Simuladores de crisis: el uso de este tipo de simuladores permite proyectar escenarios de crisis y analizar las posibles consecuencias de cada uno de ellos, así como preparar a la organización para situaciones que puedan comprometer la reputación de la empresa. Un posible uso es la visualización de respuestas esperables por parte de ciertos grupos de opinión ante una campaña publicitaria que mencione temas de gran controversia social.

USO DE MEDIOS Y REDES SOCIALES PARA LA DIPLOMACIA EMPRESARIAL

La transformación digital está permeando prácticamente cualquier área de la sociedad, incluyendo a la diplomacia empresarial. El uso de medios y redes sociales está trascendiendo a las empresas, dejando de ser simples instrumentos de comunicación. La diplomacia empresarial en un entorno dinámico requiere de su uso para facilitar la relación con los grupos de interés. Por ejemplo, LinkedIn, Tiktok o Telegram no pueden ser ignorados por las empresas que quieran mantener la gestión activa de su imagen digital. Los medios digitales permiten enlazar a públicos geográficamente distantes, pertenecientes a diferentes generaciones o con intereses específicos.

El análisis de la presencia de una organización en las redes puede detectar oportunidades de comunicación o, en situaciones negativas, desactivar campañas contrarias a sus intereses. Además, pueden generar oportunidades para la colaboración internacional (Smith y Lee, 2023). Por lo tanto, puede decirse que los medios digitales y las redes sociales son instrumentos de gran importancia para la diplomacia empresarial. Su uso correcto puede proporcionar múltiples ventajas para el posicionamiento de la organización, dotándola de visibilidad en foros globales.

GESTIÓN DE LA INFORMACIÓN

Como consecuencia de la transformación digital antes mencionada, la gestión adecuada de la información ha pasado a engrosar la lista de funciones de la diplomacia empresarial. Lo anterior no significa que la persona responsable de esas funciones deba conocer los detalles de cada tecnología, pero sí debe tener un conocimiento general y una idea razonable sobre las tecnologías incipientes y las tendencias que puedan afectar a la comunicación de la organización con sus grupos de interés.

Hay dos puntos especialmente relevantes y son los relacionados con las políticas de divulgación de la información y protección de información sensible. En el primer caso, se trata de conocer las reglas para publicar información de la organización, puesto que su función es tutelar la comunicación deseable para su empresa. Es decir, se debe identificar de inmediato cualquier situación que viole normas y protocolos de divulgación de la información de la empresa o que afecte a la imagen digital de la empresa. Al mismo tiempo, se deben poder identificar los diferentes niveles de autoridad para permitir la emisión de mensajes, establecer filtros y designar claramente a las personas que tienen el permiso para emitir mensajes de alta importancia. En el segundo caso, es crucial establecer los mecanismos oportunos para recabar, custodiar y utilizar la información sensible. Las disposiciones legales al respecto de cualquier país son apabullantes, lo que explica la importancia de conocer los procesos integrados en la gestión de la comunicación. Como en el caso anterior, no se trata de especializarse en cuestiones técnicas, pero sí en desarrollar un entendimiento de los protocolos correspondientes (García, 2023).

COMUNICACIÓN ESTRATÉGICA Y PROYECCIÓN INTERNACIONAL

La internacionalización de una empresa requiere la gestión de la comunicación moldeada a los diferentes mercados en los que se decida tener presencia. Pueden ser muchas las adecuaciones a los mensajes proyectados en el país de origen, ya que aparecen nuevos grupos de interés y otros, como los gobiernos, cobran especial relevancia. A continuación se presentan los casos de Telefónica, Santander e Inditex, para ilustrar cómo las empresas pueden llevar a cabo acciones para posicionarse en otros mercados:

- Telefónica en América Latina. Esta empresa multinacional acumula la experiencia de décadas operando fuera de España, habiendo alcanzado una posición de liderazgo en diferentes países de LATAM. En ese camino, Telefónica ha debido adaptarse a entornos culturales en apariencia parecidos a los del país de origen, aunque con notables diferencias en la práctica. Un ejemplo exitoso es el programa

Internet para Todos, que alcanzó a amplios sectores de la población en Perú y Colombia. El programa requirió el trabajo constante con entidades gubernamentales y ONG, pero consiguió que se alcanzaran objetivos financieros y se posicionara a la empresa como socialmente responsable y comprometida con el bienestar de la sociedad local (Telefónica, 2022). Hoy en día la empresa goza de una imagen positiva en esos países, siendo considerada en algunos países de la región como un aliado estratégico en la transformación digital (Marín y García, 2021).

- Banco Santander en Reino Unido. El camino recorrido por el Banco Santander en el Reino Unido ha sido arduo por tratarse de un mercado de suma complejidad y de evidente distancia cultural para una empresa española. Precisamente debido a la magnitud del reto, el banco desarrolló una estrategia de ingreso a ese mercado más cauta, mediante la adquisición de un banco local, el Abbey National en el año 2004. Dicha adquisición permitió posicionar la marca comercial Santander, pero esta fue percibida como extraña para el ciudadano local. Para propiciar un acercamiento afectivo por parte de su clientela, el banco implementó campañas de relaciones públicas para demostrar que Santander compartía los valores de confianza y seguridad afines al usuario de servicios financieros en ese país (García-Canal y Guillén, 2010).
- Inditex en Asia. Sin lugar a dudas, Inditex es una de las empresas españolas que ha conseguido adentrarse con mayor éxito en mercados remotos. La empresa ha sabido entender las complejidades de Japón y China, entre otros mercados asiáticos, mediante estrategias de inmersión cultural y de comunicación adaptada a consumidores con características diferentes a los de su país de origen. Desde el año 2006 en que se inició la presencia de Inditex en China, sus acciones han destacado por la adecuación de sus tiendas a las preferencias de su clientela, modificando incluso elementos estéticos que pudieran comprometer la

esencia de la marca, pero demostrando afinidad con el consumidor local (Fernández-Starck y Gereffi, 2020). En el caso de Japón, Inditex centró sus esfuerzos en proyectar una imagen acorde a los valores de la sociedad japonesa, con el fin de legitimar su presencia en un país proclive a rechazar influencias extranjeras, al menos por una parte considerable de la población (García, 2015).

Los tres casos mencionados inciden en la necesidad de adaptación a entornos complejos y previamente desconocidos. Telefónica se centró en llevar la tecnología a lugares remotos, beneficiando a un gran número de personas, Santander dirigió sus esfuerzos hacia la aceptación de su modelo de negocios como afín a los valores de otra sociedad e Inditex buscó la adaptación a gustos de un consumidor muy diferente al que consideraba habitual. Son tres casos de éxito en los que la diplomacia empresarial jugó un rol preponderante, aunque escondido en múltiples acciones silenciosas que acercaron a esas organizaciones a los mercados en los que eligieron operar.

LA NEGOCIACIÓN INTERCULTURAL

Los ejemplos de empresas españolas previamente mencionados apuntan hacia la necesidad de entender las diferencias culturales de los mercados internacionales a los que se puede dirigir una empresa. La comprensión de las diferencias y la adaptación del proceso de comunicación al entorno global son claves para el éxito empresarial, pero la negociación permite gestionar el cambio de manera eficaz. La negociación constituye ese paso decisivo para conseguir los acuerdos con los que afianzar la presencia comercial en otros países y debe igualmente adaptarse a las necesidades locales. La negociación necesita atender las diferencias culturales, como se explica a continuación.

El concepto de cultura es amplio y permite diferentes interpretaciones. De cualquier forma, ciertos elementos forman parte de cualquier conceptualización de la cultura, como son los valores, normas y costumbres compartidos por un grupo de personas. Dichos elementos no son los únicos, pero sí los principales para la comunicación y la diplomacia empresarial en entornos culturalmente diferenciados.

DIMENSIONES CULTURALES

Previamente se mencionaron las diferencias asociadas a las culturas de bajo y alto contexto, es decir, aquellas en las que la comunicación es clara y directa, frente a las que requieren de un profundo conocimiento de detalles y sutilezas que modulan los mensajes. Es momento ahora de mencionar la importancia de las dimensiones culturales, analizadas primordialmente por Gert Hofstede, un investigador neerlandés que construyó un modelo comparativo de las dimensiones culturales más relevantes a través de su experiencia de décadas como directivo de recursos humanos en la empresa IBM. Su modelo ha ido evolucionando, pero su versión más aceptada consta de seis rubros con los que se comparan a sociedades por la respuesta general ante determinadas problemáticas (Olier y Valderrey, 2019).

Las dimensiones son las siguientes:

- Distancia al poder: es la forma en que interactúan personas con distinto grado de poder. Cuando una cultura tiene una distancia al poder alta, sus miembros profesan un alto respeto a las jerarquías, mientras que lo opuesto sucede si la distancia al poder es baja.
- Individualismo vs. colectivismo: las culturas individualistas fomentan el logro individual, mientras que las colectivas buscan el beneficio del grupo en su conjunto.
- Masculinidad vs. feminidad: separa a sociedades asociándolas a roles tradicionalmente asociados a la masculinidad o a la feminidad. En el primer caso, la prioridad la tiene el alcance de logros, mientas que en el segundo caso se privilegia el bienestar.
- Tolerancia ante la incertidumbre: esta dimensión corresponde a la capacidad de tolerar la ambigüedad o lo desconocido.

- Orientación a corto y largo plazo: esta dimensión representa la preferencia hacia la obtención de beneficios inmediatos, frente a la planificación y la visión a futuro.
- Autoindulgencia: esta dimensión proyecta la preferencia hacia la libertad y la falta de autocontrol para disfrutar de la vida (Hofstede, 2010).

COMPETENCIAS INTERCULTURALES

Como resulta obvio, las personas responsables de la diplomacia empresarial de una organización deben contar con un entrenamiento previo, con el que puedan desarrollar las competencias que permitan abordar una negociación con contrapartes de otra cultura. En la tabla 5 se incluyen dichas competencias y seguidamente se explica cómo pueden ser incluidas en un programa de entrenamiento cultural.

TABLA 5

COMPETENCIAS DEL NEGOCIADOR INTERCULTURAL

COMPETENCIA	DESCRIPCIÓN	EJEMPLO
Inteligencia cultural	Adaptación al contexto cultural	Ajuste de estilos comunicativos
Escucha activa	Captación precisa de mensajes	Confirmación mediante parafraseo
Flexibilidad	Ajuste dinámico de estrategias	Adaptación a diferentes enfoques
Empatía intercultural	Comprensión de la perspectiva ajena	Evitar juicios de valor
Gestión de la ambigüedad	Tolerancia a la incertidumbre	Clarificación de acuerdos difusos
Conocimiento local	Entendimiento de normas y costumbres	Uso correcto de protocolos culturales

Fuente: Elaboración propia.

Ese tipo de programas suele girar en torno a los siguientes elementos:

- Inteligencia cultural: el objetivo principal es crear conciencia de las diferencias culturales existentes y la importancia de reconocer esas diferencias. Por más básicos que puedan parecer los talleres y actividades con los que se aborda el tema, suelen ser exitosos y generan la conciencia de que las diferencias culturales existen e impactan en la forma de hacer negocios entre personas de diferentes países. Pueden usarse simuladores, juegos de roles, invitados sorpresa de otro país, narración de experiencias de viajes al extranjero, pues son muchas las posibilidades de abordar el tema de forma atractiva.

- Escucha activa: un paso esencial para desarrollar tolerancia hacia otras culturas es la escucha activa, con la que se aprende a entender a otras personas con las que la comunicación no es natural. Las causas pueden ser múltiples, pero se requiere una escucha activa cuando las referencias culturales de una persona son diferentes en la sociedad a la que desea acercarse. Si no se dedica un esfuerzo adicional, es difícil entender a alguien que proviene de países culturalmente distantes.
- Flexibilidad: la finalidad principal de cualquier esfuerzo para entender a personas de otras culturas es potenciar la capacidad de adaptación al cambio y la flexibilidad ante situaciones previamente desconocidas. En la diplomacia cultural, adaptarse a contextos culturalmente diferentes es una habilidad esencial, al igual que lo es volverse receptiva ante personas que provienen de otro entorno. La capacitación propuesta en estos casos incluye simulación de situaciones que requieren respuesta por parte de los participantes. Por ejemplo, ante un escenario nuevo pueden describir cómo reaccionarían o, mejor aún, demostrar las acciones oportunas.
- Empatía: el paso siguiente es el desarrollo de una posición positiva y amable hacia quienes provienen de entornos culturales diferentes. En este punto es importante desarrollar la escucha activa y el compromiso para realizar el esfuerzo de entender a la otra persona, siempre con respeto y amabilidad hacia ella. Se pueden realizar actividades en las que se muestren las dificultades por las que atraviesa un extranjero al querer integrarse a una sociedad culturalmente distante, con el fin de fomentar la solidaridad y empatía hacia quienes deben enfrentar tales retos.

- Gestión de la ambigüedad: al final de cualquier entrenamiento cultural, las personas participantes debieran ser capaces de gestionar la ambigüedad, ya que esta última puede limitar una negociación en otro contexto cultural o comprometer el éxito de la misma. Las dudas constantes pueden distanciar a las personas que deberían establecer acuerdos, pero que no los alcanzan dada la insuficiente información o la interpretación poco clara de palabras, gestos y expresiones.
- Conocimiento local: en un programa para desarrollos de competencias culturales es importante el cambio de ciertas actitudes y la adecuación a contextos diferentes, pero si no existe el conocimiento del contexto local, las probabilidades de éxito disminuyen notablemente. Entender las reglas no escritas de una sociedad, sus normas y costumbres, permiten un uso de protocolos locales, que pueden no resultar evidentes a quienes no profundizan en el conocimiento local.

Las competencias mencionadas son importantes, pero no se pueden enfrentar las diferencias culturales sin una estrategia que garantice el éxito ante situaciones complejas. La estrategia puede abarcar el conocimiento del idioma, el uso de este en las negociaciones del sector, e incluso establecer una secuencia de acciones encaminadas a disminuir la angustia ante los cambios culturales abruptos. Un entrenamiento cultural debe abarcar un periodo largo de tiempo, puesto que los talleres breves de adaptación a otros países suelen girar en torno a superficialidades o simples elementos de protocolo.

ESTRATEGIAS PARA NEGOCIAR EN ENTORNOS MULTICULTURALES

Debido al amplio número de factores culturales que pueden incidir en una negociación internacional, no existe una estrategia única de preparación multicultural. De todas formas, la secuencia suele ser parecida en la mayoría de los casos, comenzando con una investigación cultural previa, la construcción de relaciones personales, la adaptación dinámica y la capacitación en técnicas de mediación y resolución de conflictos.

a) Investigación cultural previa: toda negociación internacional requiere una investigación previa, enfocada a los elementos distintivos de la cultura a explorar. La investigación puede partir de fuentes secundarias, como pueden ser breviarios culturales, informes de países o documentos que describen la sociedad sujeta de análisis. Una vez recopilada la información necesaria, se puede proceder a realizar entrenamientos y simulaciones con la ayuda de personas con profundo conocimiento de ese país.
b) Construcción de relaciones personales: un aspecto que necesita especial consideración es el desarrollo de relaciones personales. Se puede realizar un taller de orientación sobre los referentes culturales en una determinada sociedad, la forma de tener acceso a ellos, los temas que pueden ser o no abordados, los tiempos y situaciones ideales para iniciar la relación, así como reglas explícitas o implícitas y protocolos a seguir.
c) Adaptación dinámica: la flexibilidad puede ser explicada en términos teóricos, pero requiere de continuas prácticas para que un equipo negociador la desarrolle y se beneficie de ella en los momentos oportunos. La negociación intercultural necesita mucha flexibilidad, puesto que es común que surjan imprevistos, debido al alto grado de factores que tienen que ser considerados. La flexibilidad suele otorgar ventajas en la negociación intercultural, pero también puede resultar contraproducente en aquellas sociedades que prefieren observar reglas estrictas y procedimientos previamente acordados.
d) Técnicas de mediación y resolución de conflictos: es difícil imaginar negociaciones interculturales en los que no surjan discrepancias. Además, los conflictos no son intrínsecamente negativos, puesto que pueden generar oportunidades imprevistas. Sin embargo, es imprescindible que la persona a cargo de la diplomacia empresarial esté versada en las diferentes técnicas que permitan la mediación o la resolución de conflictos.

NEGOCIACIONES INTERCULTURALES DE EMPRESAS ESPAÑOLAS

Las empresas españolas no son ajenas a los retos planteados por su expansión internacional. Los obstáculos pueden ser relativamente fáciles de superar o pueden constituirse en barreras que impiden la expansión a un determinado mercado. A continuación, se presentan diferentes casos que requirieron acciones de diplomacia empresarial.

REPSOL EN BOLIVIA

En el año 2006, el gobierno de Evo Morales inició un proceso de nacionalización de empresas extranjeras en el sector energético, siendo Repsol una de las empresas afectadas. Ante un entorno ideológico adverso, la empresa inició un diálogo con el que se presentó ante la sociedad boliviana como una entidad respetuosa de las costumbres locales y de su soberanía nacional. Mediante diferentes acciones de adaptación a las nuevas reglas consiguió permanecer en ese país, proyectándose como un actor benéfico, capaz de apoyar al desarrollo de Bolivia al mismo tiempo que alcanzaba sus objetivos económicos (Álvarez y Urdaneta, 2018). De manera que la escucha atenta a las proclamas ideológicas y nacionalistas, hicieron comprender a Repsol que debían cambiar su posición en esa nación para poder continuar sus proyectos.

MAPFRE EN BRASIL

La empresa aseguradora española encontró obstáculos inesperados en su fase de expansión en Brasil. Si bien las diferencias lingüísticas no son tan pronunciadas entre España y Brasil, al menos en apariencia, los obstáculos fueron surgiendo debido a las complejidades del gobierno local, las diferencias culturales a lo largo del inmenso territorio y a prácticas empresariales diferentes a lo largo de la geografía brasileña. Desde un principio fue obvia la necesidad de realizar cambios a la estrategia prevista, de manera que Mapfre fragmentó su plan de ingreso a ese mercado para llevar a cabo acciones más precisas y adaptadas a las realidades locales. Además del cambio de planteamientos, Mapfre seleccionó a equipos multiculturales que permitían entender las necesidades e intereses en España y Brasil, demostrando de esa forma los beneficios de la gestión de la diversidad cultural (Silva y Campos, 2021).

INDRA EN MARRUECOS

Las dificultades encontradas por Repsol y Mapfre palidecen frente a los obstáculos encontrados por Indra en Marruecos, dado que a los obstáculos mencionados en los casos anteriores se añadían la distancia cultural, el idioma de diferente tronco lingüístico y la religión, entre otras variables. El proceso para desarrollar proyectos conjuntos requirió de habilidades interculturales extraordinarias, puesto que las diferencias tan evidentes abrían permanentemente la posibilidad de un fin abrupto de la relación comercial. Mediante una serie de acciones y construcción de acuerdos, la empresa española fue avanzando en su plan, en un entorno que presenta desafíos constantes y que requiere una aproximación diplomática y cultural perfectamente calculada.

GESTAMP EN CHINA

Gestamp, empresa española dedicada a la fabricación de componentes para automóviles, se expandió a China para acompañar a sus principales clientes internacionales en un mercado de enorme crecimiento. El reto intercultural no estuvo únicamente en las diferencias de idioma y estilos de negociación, sino también en las particularidades del entorno laboral chino, caracterizado por jerarquías rígidas, un ritmo de trabajo muy distinto y la necesidad de establecer relaciones de confianza con socios locales y autoridades gubernamentales. Para superar estos desafíos, Gestamp implementó equipos mixtos hispano-chinos, apostó por la formación intercultural de sus directivos y adaptó su estrategia de recursos humanos a la realidad local. Gracias a ello, logró consolidarse como un proveedor relevante dentro de la industria automotriz china, demostrando la importancia de la adaptación cultural en mercados asiáticos.

ACCIONA EN SUDÁFRICA

Acciona, empresa española especializada en infraestructuras y energías renovables, encontró múltiples desafíos al ejecutar proyectos en Sudáfrica. Entre ellos, se destacan las diferencias culturales en la gestión laboral, la coexistencia de distintos idiomas oficiales y la necesidad de ajustarse a la política de Black Economic Empowerment (BEE), que busca corregir desigualdades históricas mediante la inclusión de población local en la propiedad y gestión de las empresas. La compañía tuvo que adaptar sus procesos de selección y capacitación, favoreciendo la creación de equipos multiculturales y programas de transferencia de conocimiento. Gracias a estas prácticas, Acciona no solo pudo ejecutar proyectos estratégicos en energías renovables, sino que también se consolidó como un actor comprometido con el desarrollo local, mostrando la importancia de la diplomacia intercultural en África Subsahariana.

Como se demuestra en los casos mencionados, la cultura es un elemento clave en una negociación entre organizaciones o personas de diferentes países. Las negociaciones interculturales requieren una capacidad de adaptación y flexibilidad importantes, a veces superando cualquier expectativa. Los estilos negociadores suelen cambiar de un país a otro, con variaciones notables en cuanto al momento para cada acción, la organización de un encuentro de negociación, el rol de las personas participantes y diferentes percepciones del tiempo, de la comunicación y protocolos, entre otros factores. Numerosos estudios destacan que la falta de flexibilidad en esas situaciones con frecuencia deriva en fracasos, mientras que quienes desarrollan una mayor capacidad de adaptación aumentan considerablemente sus probabilidades de éxito (Lewicki; Barry y Saunders, 2022).

Aunque no existe una regla universal, un contexto rico en matices culturales suele presentar mayores barreras para alcanzar acuerdos, por lo que también requiere a un negociador capaz de entender los elementos locales a los que se confiere importancia y realizar las modificaciones necesarias en la estrategia para tomarlos en cuenta. Las barreras culturales de entrada a un mercado pueden llegar a ser formidables, de manera que quien aprende a negociar en esos mercados suele también desarrollar ventajas duraderas frente a sus competidores.

MÁS ALLÁ DE LA RESOLUCIÓN DE CONFLICTOS

La diplomacia empresarial continúa su evolución para dar respuesta a los cambios en el entorno. Como se verá a continuación, las lecciones aprendidas permiten mirar más allá de la simple resolución de conflictos, para generar propuestas de valor para la organización, los diferentes grupos de interés y la sociedad en su conjunto.

DE LA MITIGACIÓN DE RIESGOS A LA CREACIÓN DE VALOR COMPARTIDO

La nueva visión de la diplomacia empresarial deja atrás la intención de centrarse en la resolución de conflictos para adquirir una actitud proactiva, valiéndose de diferentes mecanismos para incidir en la sociedad y convertirse en actor protagónico en temas de su interés, adquiriendo una imagen de empresa responsable y sometida a códigos de actuación internacionales. Es decir, el inmenso poder acumulado por tantas empresas multinacionales puede dirigirse a la resolución de problemas que afectan al planeta y a la creación de valor compartido.

La transición de mitigación de riesgos a generación de valor compartido tiene diferentes etapas. La primera de ellas, mitigación reactiva, ofrece una respuesta puntual ante una crisis como ocurre, por ejemplo, en la gestión de protestas comunitarias. La segunda etapa, prevención estratégica, se enfoca a la anticipación de riesgos, como en el caso de un análisis de un entorno político dinámico. La tercera etapa, valor compartido, se centra en la generación de beneficios mutuos para la empresa y la sociedad, como ocurre en tantas iniciativas de desarrollo local. La cuarta etapa, diplomacia sostenible, busca la alineación de la empresa con los ODS como ocurre en proyectos de generación de energías renovables. La quinta etapa, innovación social, ofrece soluciones a problemas sociales, como por ejemplo cuando una empresa dota de servicios básicos a su comunidad. La sexta etapa, alianzas multiactor, fomenta la cooperación público-privada como ocurre en la creación de consorcios de sostenibilidad.

INNOVACIÓN Y CREACIÓN DE ALIANZAS ESTRATÉGICAS

La capacidad innovadora de empresas multinacionales puede espolear la transformación social, aportando nuevas soluciones a problemas tradicionales y generando soluciones a problemáticas potenciales. Los desarrollos tecnológicos de las organizaciones de gran tamaño exceden con frecuencia la capacidad de entidades públicas, por lo que pueden detonar nuevos sectores económicos y generar soluciones superiores a las que pudieran proporcionar las políticas públicas. Además, las herramientas de la diplomacia empresarial también son útiles para desarrollar alianzas estratégicas con otras organizaciones, incluso incluyendo a diferentes actores para ampliar el acceso a recursos estratégicos. También pueden ser útiles para impulsar proyectos de innovación mediante redes internacionales (Henisz, Dorobantu y Nartey, 2019).

La diplomacia empresarial permite a las organizaciones la cooperación en tecnologías de vanguardia, modelos de negocio innovadores e iniciativas que requieren la colaboración de múltiples entidades, como en proyectos que requieren grandes inversiones o la coordinación efectiva entre un gran número de actores. Las organizaciones con excelente reputación en temas sociales, disponen de mejores oportunidades para la colaboración en procesos de innovación colaborativa (Zaharna, 2022), lo que a menudo se traduce en participación conjunta en proyectos internacionales. Por último, las empresas que alcanzan esa reputación, pueden avanzar agendas en foros de alcance global.

DIPLOMACIA EMPRESARIAL Y DESARROLLO SOSTENIBLE

La diplomacia empresarial puede aportar soluciones en diversas áreas, siendo probablemente la más importante la relacionada con el desarrollo sostenible. En efecto, las empresas están dando un importante impulso a la promoción de los ODS, ya sea *motu proprio* o colaborando con iniciativas gubernamentales. En muchos casos, las propias organizaciones han reconocido el valor de alinear sus actividades a diferentes ODS, obteniendo beneficios que justifican las inversiones necesarias para el cumplimiento de los objetivos de desarrollo social.

El potencial de impacto positivo de la diplomacia empresarial en la sostenibilidad ha sido reconocido desde hace tiempo, incluso alcanzando posiciones para trascender en la agenda global (Ruggie, 2018). En muchos casos, empresas globales pueden ser motores de iniciativas de sostenibilidad a nivel internacional, aportando importantes recursos económicos y atrayendo el apoyo de otras organizaciones, o impulsando acciones con participación ciudadana a través de las fronteras. Algunas empresas tienen un posicionamiento en temas de la agenda mundial, lo que les obliga a mantenerse como referentes mundiales en las problemáticas que seleccionan para su tutela.

Como ya se vio en el ejemplo de Repsol en Bolivia, una organización multinacional puede convertirse en defensores de derechos importantes para comunidades extensas. En otras ocasiones, la influencia positiva puede extenderse más allá de un solo país, como en las iniciativas contra el cambio climático.

PERSPECTIVAS DE FUTURO

Como se ha visto, la diplomacia empresarial puede aportar múltiples beneficios a la empresa, pero ciertamente se debe hacer uso de ella respetando algunos lineamientos. En primer lugar, se debe integrar cualquier acción de diplomacia empresarial en la visión de la organización y en su estrategia global. Es decir, tiene que formar parte de la misión de la empresa y no ser una herramienta para un uso puntual o reactivo con el que mitigar riesgos. En segundo lugar, se debe llevar a cabo un mapeo de actores principales y grupos de interés con los que la comunicación debe ser constante. En tercer lugar, se deben desarrollar competencias para un uso profesional de sus herramientas. En cuarto lugar, se debe buscar una presencia global para poder influir en foros internacionales. En quinto lugar, el compromiso con la transparencia debe ser permanente, para mantener la confianza, reputación y legitimidad deseada (Mata, 2022). También se debe buscar una innovación colaborativa, principalmente a través de la creación de valor compartido. Sin duda, la recomendación más importante se centra en la selección de las personas responsables del diseño y ejecución de las estrategias de diplomacia empresarial. No es tarea fácil encontrar a una persona que reúna todas las características y competencias requeridas.

Los cambios observables en la geopolítica, el comercio internacional, las nuevas tecnologías o el auge de la inteligencia artificial, entre otros, obligan a analizar constantemente los paradigmas de la diplomacia empresarial. En la tabla 6 se recogen las principales tendencias que se vislumbran para la diplomacia empresarial, junto con una breve descripción de las mismas y los autores a los que se asocian tales desarrollos percibidos.

TABLA 6

TENDENCIAS DE LA DIPLOMACIA EMPRESARIAL

TENDENCIA	DESCRIPCIÓN	AUTORES
Digitalización de la diplomacia empresarial	Uso de herramientas digitales	Zaharna (2022)
Integración con la sostenibilidad	Alineación con ODS	Sanhuja (2023)
Profesionalización del rol diplomático	Colaboración con múltiples actores	Ruël (2022)
Gestión proactiva de riesgos reputacionales	Enfoques de prevención ante crisis de legitimidad	Freeman, Dmytriyev y Phillips (2021)
Intervención en contextos geopolíticos	Enfoques anticipatorios ante crisis	Saner y Yiu (2020)
Énfasis en creación de valor compartido	Generación de impacto social positivo	Ruggie (2018)

Fuente: Elaboración propia.

A lo largo de este capítulo han sido citados los principales temas de vanguardia para la diplomacia empresarial, como son la sostenibilidad y la transformación digital, pero es necesario agregar otros, como la llamada desglobalización, la alineación de empresas a las políticas de una nación, el dominio de tecnologías, fármacos o desarrollos que pueden generar una posición monopólica a nivel mundial. A las áreas anteriores, hay que agregar la necesidad de inclusión de organizaciones de menor tamaño en la práctica de la diplomacia empresarial y la descentralización de las decisiones que afecten al planeta.

En definitiva, al entrar a un mundo difícilmente predecible, las organizaciones deben prepararse para anticipar tendencias, cimentar alianzas y dotarse de mecanismos que permitan hacer frente a los desafíos por venir.

PREGUNTAS PARA LA REFLEXIÓN

1. ¿Qué funciones cumplen herramientas digitales como el *social listening* y el análisis de *big data* en la generación de inteligencia contextual?
2. ¿Qué competencias interculturales resultan fundamentales para negociar eficazmente en contextos diversos?
3. ¿Qué tendencias pueden afectar a la diplomacia empresarial durante los próximos cinco años?
4. ¿De qué forma la inteligencia artificial puede modular el proceso de comunicación de las empresas?
5. ¿Alguna de las variables de Hofstede incide más que las otras en la negociación en países culturalmente más distantes?
6. ¿Debería actualizarse nuevamente el modelo de Hofstede para incorporar nuevas dimensiones culturales?
7. ¿Cuál pudiera ser un ejemplo de estrategia por parte de una empresa española para superar barreras culturales?
8. ¿Cuáles son las competencias culturales más importantes para hacer negocios en países asiáticos?
9. ¿Cómo está cambiando la comunicación en la era digital?
10. ¿Cómo están evolucionando las herramientas digitales para la gestión de reputación?

CAPÍTULO 4

AGENDAS: DE LO LOCAL A LO GLOBAL

La diplomacia empresarial proporciona a las empresas una vía estratégica para conectar sus iniciativas locales de sostenibilidad con impactos globales más amplios, permitiéndoles así demostrar contribuciones significativas al bienestar medioambiental y social. Al cultivar las relaciones con una amplia gama de partes interesadas, incluidas las comunidades locales, los gobiernos y las organizaciones internacionales, las empresas pueden garantizar que sus esfuerzos de sostenibilidad estén alineados a nivel mundial y sean relevantes a nivel local. Este enfoque diplomático permite a las empresas abordar las preocupaciones específicas de la comunidad, como la preservación del medio ambiente y el empoderamiento económico, integrando al mismo tiempo su trabajo en los marcos de sostenibilidad más amplios, como los ODS. Este enfoque facilita la integración de las empresas en las comunidades, posicionándolas como socios en el desarrollo sostenible y no como meros participantes.

La diplomacia empresarial permite comunicar de forma coherente y transparente los objetivos de sostenibilidad de una empresa. La aplicación de informes de sostenibilidad unificados en todos los mercados permite a las empresas dilucidar la forma en que las acciones locales contribuyen a los objetivos globales, como la reducción de las emisiones de carbono o la conservación de los recursos. Este grado de transparencia sirve para reforzar la confianza con las partes interesadas, ya que las empresas demuestran su responsabilidad no solo en sus países de origen, sino también en otras regiones en las que operan. Al alinear las iniciativas locales con los parámetros internacionales de sostenibilidad, las empresas mejoran su reputación como entidades responsables y comprometidas con el impacto global a largo plazo.

Además, las organizaciones que adoptan un enfoque diplomático de los negocios tienen el potencial de influir positivamente en su entorno político, amplificando así su impacto medioambiental positivo. Utilizando canales diplomáticos, las empresas pueden abogar por la aplicación de reglamentos y normas que fomenten prácticas sostenibles tanto a nivel local como mundial. Esto facilita la adopción de fuentes de energía renovables o la mejora de los sistemas de gestión de residuos por parte de las empresas. Al comprometerse con los responsables políticos, las empresas pueden contribuir a la creación de un entorno propicio para la aplicación de medidas de sostenibilidad de mayor alcance e impacto. Del mismo modo, este enfoque diplomático permite a las empresas aplicar políticas globales de sostenibilidad a nivel local, adaptando los objetivos internacionales para alinearlos con los contextos normativos y culturales específicos de las distintas regiones. Esto les permite demostrar un compromiso significativo con las normas mundiales.

En definitiva, la diplomacia empresarial facilita la difusión de conocimientos y el desarrollo de capacidades en todas las regiones, lo que permite a las empresas difundir prácticas locales de éxito a escala mundial. Por ejemplo, las empresas pueden ofrecer formación a los proveedores, empleados y comunidades locales para que puedan cumplir las normas internacionales de sostenibilidad. Este planteamiento fomenta simultáneamente la capacidad local y apoya los objetivos globales de sostenibilidad. Además, las empresas tienen el potencial de utilizar las innovaciones locales para beneficiar a otros territorios en los que operan. Esto implica compartir estas soluciones a través de las fronteras y demostrar cómo los proyectos locales pueden ampliarse para tener un impacto global.

Forjando alianzas a través de la diplomacia empresarial, las organizaciones pueden mejorar su impacto en la sostenibilidad. La colaboración de ONG, instituciones académicas y empresas del sector puede dar lugar a la cocreación y puesta en marcha de proyectos comunitarios de gran repercusión, que luego pueden difundirse a un público mundial. Al animar a los proveedores locales a aplicar prácticas sostenibles, las empresas facilitan la evolución de una cadena de suministro más resistente y responsable, reforzando así sus iniciativas globales de sostenibilidad. Este enfoque interrelacionado demuestra a las partes interesadas que la empresa se dedica a implantar prácticas sostenibles en la cadena de suministro que respetan los requisitos locales y se ajustan a las expectativas globales.

Por último, la diplomacia empresarial permite a las empresas establecer un valioso bucle de retroalimentación, por el que los puntos de vista locales informan directamente a las estrategias de sostenibilidad globales. Al escuchar a las comunidades locales y aprender de ellas, las empresas pueden modificar sus planteamientos y replicar modelos de éxito en distintas regiones, garantizando así que sus objetivos de sostenibilidad sigan siendo alcanzables y tengan impacto en todo el mundo. La medición y notificación coherentes del impacto de la sostenibilidad en todos los lugares permite a las empresas hacer un seguimiento de la eficacia de sus estrategias, lo que permite introducir mejoras que contribuyen al progreso local y mundial.

ATERRIZANDO DESDE LO GLOBAL HASTA LO LOCAL

En el contexto contemporáneo de las Relaciones Internacionales, la incertidumbre mundial para las empresas ha aumentado exponencialmente debido a multitud de factores, como las tensiones geopolíticas, las crisis económicas, el cambio climático y las rápidas transformaciones tecnológicas. El actual entorno de inestabilidad plantea importantes retos para la consecución de los ODS, la agenda de las Naciones Unidas que pretende abordar problemas mundiales como la pobreza, el cambio climático, la desigualdad y la paz.

En primer lugar, la llegada de la pandemia de covid-19 precipitó una perturbación de la actividad económica mundial, lo que provocó un retroceso de los avances en multitud de ámbitos, incluidos los relativos a la educación, la sanidad y la mitigación de la pobreza. Además, la crisis climática persiste, con fenómenos extremos cada vez más frecuentes y una transición energética que aún se enfrenta a impedimentos financieros, técnicos y políticos. Además, la competencia entre potencias mundiales, como Estados Unidos y China, y el resurgimiento de conflictos armados en diversas regiones como Ucrania y Oriente Próximo también impiden la cooperación internacional, que es indispensable para la coordinación de soluciones y esfuerzos globales que promuevan los ODS.

Este contexto sistémico también se define por la interconectividad de las crisis. Los retos económicos no solo repercuten en la disponibilidad de recursos para el desarrollo sostenible, sino que también tienen implicaciones directas para la estabilidad política y la cohesión social. Las tensiones comerciales y las disputas por el *hardware*, pero también por intangibles como la propiedad intelectual, por ejemplo, afectan a la capacidad de un país para acceder a tecnologías limpias y sostenibles, posponiendo la transición a economías bajas en carbono e influyendo directamente en el ODS 13, que insta a la acción por el clima.

En este complejo escenario, las empresas, especialmente las que operan a escala mundial, desempeñan un papel fundamental que se ha convertido en un pivote para el avance o retroceso de los ODS, dado que su alcance e influencia pueden afectar tanto a las economías locales como a los sistemas mundiales.

Además del contexto sistémico de creciente incertidumbre global que complica los esfuerzos y contribuciones del sector privado, las empresas también se enfrentan a una serie de dilemas éticos y ontológicos. En un contexto de creciente incertidumbre, muchas empresas se sienten presionadas para maximizar los beneficios, lo que puede dar lugar a acciones incoherentes con los objetivos a largo plazo. La incertidumbre sistémica reaviva el clásico debate entre los modelos del accionista y del interesado, que refleja perspectivas dispares sobre el propósito fundamental del sector privado. El modelo del accionista, impulsado por el economista Milton Friedman, sostiene que la principal obligación de una empresa es maximizar la riqueza de los accionistas, distinguiendo tajantemente entre el papel de las empresas y el de los gobiernos. Al igual que hace cuatro décadas, se presume que la búsqueda del valor para el accionista beneficia en última instancia a la economía en general mediante la creación de oportunidades de empleo y el estímulo de la innovación. Por lo tanto, la responsabilidad de la dirección es dar prioridad a la rentabilidad, evitando que los directivos se dediquen a empresas no rentables, manteniendo así la eficiencia económica.

Por el contrario, el modelo de las partes interesadas plantea que las empresas deben tener en cuenta los intereses de todas las partes interesadas —empleados, clientes, comunidades y medio ambiente— además de los de los accionistas, una visión que se alinea con la lógica central de la Agenda 2030 de la ONU. Este enfoque reconoce que el éxito a largo plazo depende de la aplicación de prácticas sostenibles y éticas que respondan a las necesidades generales de la sociedad. Los defensores de este punto de vista sostienen que abordar las preocupaciones sociales y medioambientales está en consonancia con las expectativas del mercado contemporáneo y tiene el potencial de impulsar el valor a largo plazo, mitigar los riesgos y fomentar la lealtad entre clientes y empleados. Si se entiende con un modelo de partes interesadas y un enfoque de "toda la sociedad", los recursos de su sector, su capacidad de innovación y su alcance ofrecen al sector privado el potencial para impulsar la alineación y el progreso hacia los ODS.

A través de sus actividades, las empresas generan empleo, estimulan el crecimiento económico y facilitan el desarrollo de productos y servicios. La forma en que determinan su papel en la sociedad tiene un impacto significativo en su capacidad para actuar como agentes clave para el desarrollo y la consecución de los ODS. Como demuestran las décadas de aplicación del modelo neoliberal, las empresas pueden adoptar una perspectiva a corto plazo, desvinculada de la colaboración público-privada y del concepto integral de sostenibilidad. Alternativamente, pueden perseguir un modelo empresarial alineado con el desarrollo sostenible a largo plazo, generando mejores resultados empresariales y contribuyendo al mismo tiempo a factores fundamentales como la conservación de los recursos naturales, la gestión medioambiental, la mitigación de la pobreza y la igualdad de género.

Al comprometerse con una transición en el modelo de crecimiento económico, las empresas pueden proporcionar los recursos financieros necesarios para apoyar proyectos sostenibles, realizar inversiones en comunidades vulnerables y promover prácticas éticas que alineen sus operaciones con los ODS. Además, la innovación empresarial facilita la formulación de estrategias empresariales cruciales destinadas a reducir el impacto medioambiental y promover el consumo y la producción sostenibles, abarcando las dimensiones social y económica.

DIPLOMACIA EMPRESARIAL CON IMPACTO LOCAL: UNA HERRAMIENTA DE COMPETITIVIDAD

En el mundo interconectado y en transformación acelerada que hemos abordado en capítulos anteriores y tal como se ha argumentado, la diplomacia empresarial se revela como una herramienta crítica no solo para gestionar riesgos y oportunidades, sino también para articular de manera efectiva las estrategias globales con las realidades locales, un elemento esencial para que las empresas puedan llevar a cabo con éxito sus planes de negocio nacional e internacionalmente. En este sentido, la localización del desarrollo sostenible —es decir, la capacidad de adaptar y aplicar los ODS al nivel territorial y comunitario— se alinea profundamente con las capacidades que brinda la diplomacia empresarial.

La diplomacia empresarial, entendida como el conjunto de habilidades, procesos e interacciones que permiten a las empresas negociar, representar intereses, construir alianzas y gestionar relaciones con múltiples actores del entorno, es un instrumento clave para traducir compromisos globales en acciones locales concretas. Esta capacidad de "aterrizaje estratégico" convierte a las empresas que apuestan por sumarse a un modelo multiactor multinivel, no solo en un operador económico, sino también en un agente político y social con legitimidad para cocrear soluciones con el territorio.

Cuando las organizaciones del sector privado incorporan un enfoque proactivo, su acción deja de ser vertical o unidireccional y pasa a fundamentarse en un análisis sistémico del entorno local. A partir de ese análisis —que incluye factores sociales, ambientales, institucionales, culturales y económicos—, las empresas pueden identificar sinergias y desafíos, establecer alianzas con actores públicos y comunitarios, y diseñar estrategias de inversión que respondan a las necesidades del territorio y a la vez fortalezcan la competitividad del negocio.

En este contexto global donde las empresas son llamadas a ser parte activa en la construcción de un desarrollo más justo, inclusivo y sostenible, la diplomacia empresarial adquiere una relevancia estratégica ineludible. Las experiencias de Grupo Iberostar y Bolton Food permiten observar con claridad cómo este enfoque contribuye no solo a alinear la estrategia corporativa con los ODS, sino también a transformar sus operaciones en el territorio, generando valor compartido.

Bolton Food S.L.U. es una empresa familiar dedicada a bienes de gran consumo, con más de 75 años de historia. Se dedica a producir y distribuir más de quince marcas icónicas globalmente reconocidas —entre ellas Río Mare, Cuca, Isabel y Wild Planet— utilizando métodos tradicionales e ingredientes cuidadosamente seleccionados. Su objetivo es ofrecer productos naturales de máxima calidad y sabor exquisito, alineados con un enfoque sostenible que busca preservar los océanos, sus recursos y apoyar a todas las personas de su cadena de suministro. Dentro de su división de alimentación, Bolton Food se destaca por su compromiso con la sostenibilidad, aspirando a ser "la empresa atunera más sostenible del mundo". Las marcas del grupo —como Isabel, líder en conservas de pescado con fuerte presencia en España, Ecuador, Colombia y norte de África; Cuca, que apuesta por productos gourmet del mar con sostenibilidad 360°; Río Mare, forjada con más de 60 años de tradición italiana; y Wild Planet, pionera en EE UU en pesca responsable— reflejan estos valores en su producción y filosofías de cuidado ambiental.

Grupo Iberostar es una empresa española 100% familiar fundada en 1956 por la familia Fluxà, con sede en Palma de Mallorca. Sus orígenes se remontan a la industria del calzado desde 1877, cuando Antoni Fluxà instaló un taller artesanal en Inca. Hoy el grupo posee más de 100 hoteles de 4 y 5 estrellas en tres continentes, operando bajo diversas divisiones como hotelera (Iberostar Hotels & Resorts), receptiva y de viajes (World2Meet, Iberoservice), el club vacacional (The Club) y una división inmobiliaria. Iberostar es un referente global en turismo responsable gracias a su movimiento Wave of Change, lanzado en 2017. Según su hoja de ruta de sostenibilidad, se ha comprometido a eliminar el plástico de un solo uso en sus hoteles para finales de 2020, lograr hoteles libres de residuos en 2025 y alcanzar la neutralidad de carbono para 2030. Para 2025, también apunta a que el 100% del pescado y marisco consumido provenga de fuentes responsables y para 2030 mejorar la salud de los ecosistemas costeros colindantes a sus hoteles. En 2023 logró una reducción del 12% en emisiones, así como desviar un 56% de residuos del vertedero mediante iniciativas de economía circular y restauración ecológica en destinos como Caribe y México.

¿Cómo su enfoque de diplomacia empresarial genera impactos tangibles e intangibles que transforman el rol de ambas empresa en su entorno?

En primer lugar, una diplomacia empresarial efectiva posibilita una valorización profunda del talento existente en la comunidad al integrar no solo capacidades técnicas y operativas, sino también conocimientos tradicionales, saberes culturales y perspectivas diversas que enriquecen significativamente los procesos de innovación, adaptación y creación de valor dentro del negocio. Al vincularse de manera auténtica con el capital humano local, las empresas logran construir soluciones más contextualizadas, sensibles al entorno y alineadas con las realidades territoriales. Esta integración permite superar enfoques homogéneos y estandarizados, promoviendo dinámicas más inclusivas y resilientes que reflejan la pluralidad social. Además, fomenta la apropiación comunitaria de los proyectos, favoreciendo una cultura de colaboración y confianza mutua que fortalece tanto la legitimidad como la sostenibilidad operativa a largo plazo. Esta conexión profunda con el entorno humano no solo genera impactos positivos en términos de productividad y eficiencia, sino que también facilita una sinergia entre los objetivos corporativos y las aspiraciones sociales, culturales y económicas de la comunidad anfitriona.

En esta primera dimensión el Grupo Iberostar sitúa a las personas en el centro de su modelo de negocio. En 2023, la compañía impartió más de 330.000 horas de formación a nivel global, lo que representa un incremento del 37% respecto al año anterior. En paralelo, ha sido pionera en el impulso de la Formación Profesional Dual en España y en destinos turísticos clave, una herramienta que permite combinar la educación formal con la experiencia práctica en entornos laborales reales. Este enfoque facilita la empleabilidad de los jóvenes y fortalece el capital humano local. Además, Iberostar cuenta con un equipo de más de 35.000 personas de 95 nacionalidades distintas y promueve una gestión basada en la diversidad, la equidad y la inclusión, como lo demuestra su adhesión al programa Empowering Women's Talent y la obtención del sello Diversity Leading Company.

Bolton Food también demuestra un compromiso sólido con la valorización del talento y el desarrollo de las personas. En 2023, su plantilla mantuvo un elevado nivel de estabilidad laboral, con un 85,6% de contratos indefinidos. La compañía invirtió más de 9.000 horas en formación, con énfasis en áreas como sostenibilidad, seguridad y desarrollo profesional. Su plantilla estuvo compuesta en un 56% por mujeres, lo que da cuenta de una apuesta por la igualdad de género. Además, mantiene mecanismos de diálogo social, desconexión digital y prevención de riesgos psicosociales que mejoran el entorno laboral y la cohesión interna.

En segundo lugar, la diplomacia empresarial genera condiciones propicias para un crecimiento sostenible con una fuerte apropiación ciudadana, lo cual se traduce en un mayor sentido de pertenencia, orgullo comunitario y compromiso colectivo hacia el éxito compartido. Al percibir que las empresas actúan con responsabilidad, sensibilidad social y voluntad de diálogo, la ciudadanía se involucra de forma más activa y constructiva en los procesos de desarrollo local. Esto fomenta relaciones de corresponsabilidad, reduce la distancia entre el sector privado y la sociedad civil, y fortalece la confianza institucional. Iniciativas construidas a partir de un diálogo abierto y transparente tienden a ser mejor recibidas, evitando conflictos y resistencias que suelen surgir cuando las acciones corporativas se perciben como impuestas o desconectadas de las necesidades reales. Esta aceptación social se convierte, en última instancia, en un activo intangible de gran valor que favorece un entorno operativo más estable, reduce los costos de transacción y amplía las oportunidades de inversión y permanencia en el territorio.

La apropiación ciudadana y la conexión comunitaria son igualmente centrales en los dos modelos de diplomacia empresarial analizados. Iberostar desarrolló durante 2023 un total de 1.132 actividades con comunidades locales, beneficiando directamente a más de 380.000 personas. Además, el 60% del gasto en proveedores se destinó a actores locales, reforzando así la economía territorial. Su Agenda 2030 incluye objetivos de integración comunitaria y desarrollo social, vinculados a la salud, la educación, la equidad y el empleo digno. El vínculo con las comunidades se profundiza mediante alianzas con entidades como Planeterra, con la que promueve el turismo comunitario, o con Hecansa para el desarrollo de programas educativos en Canarias.

En el caso de Bolton Food, su estrategia de sostenibilidad 360° se apoya en un compromiso explícito con el desarrollo de las comunidades donde opera. El grupo ha implementado una política global de derechos humanos y cuenta con mecanismos de evaluación social de proveedores. En el plano educativo y comunitario, desarrolla campañas de sensibilización sobre pesca responsable, como Girando con APR dirigida a universidades españolas, donde promueve la concienciación juvenil sobre consumo sostenible. Su marca Isabel fue en 2023 la única del mercado español con el

100% de sus latas de atún certificadas con el sello AENOR de Atún de Pesca Responsable, lo que garantiza condiciones laborales dignas en el sector pesquero y promueve el respeto al entorno marino y social.

Por otro lado, en tercer lugar la vinculación efectiva con las comunidades contribuye a anticipar, mitigar y gestionar de manera proactiva los posibles impactos negativos —sean de carácter social, ambiental o reputacional— que podrían derivarse de la actividad empresarial. A través de mecanismos de transparencia, evaluación participativa de riesgos y canales institucionalizados de consulta y diálogo, las empresas pueden actuar con mayor previsibilidad y legitimidad, incluso en contextos complejos, frágiles o con altos niveles de conflictividad. La implementación de políticas de debida diligencia social y ambiental, sumada a una estrategia de comunicación clara y bidireccional, permite prevenir crisis, fortalecer la licencia social para operar y proteger la reputación corporativa. Estos enfoques no solo reducen los costos asociados a conflictos o litigios, sino que refuerzan la percepción pública de la empresa como un actor confiable, ético y comprometido con el bien común.

La prevención de impactos negativos —ambientales, sociales o reputacionales— es otro eje de la diplomacia empresarial. Iberostar ha logrado reducir en un 12% sus emisiones globales de alcance 1 y 2 respecto a 2019 y un 6,5% su consumo energético. Su objetivo es ser neutra en carbono para 2030 y está implementando soluciones basadas en la naturaleza como los ocho viveros de corales y la plantación de más de 16.100 manglares en el Caribe. Además, está comprometida con ser libre de residuos a vertedero en 2025. La compañía también cuenta con un Código ético y una Política global de Derechos Humanos, así como protocolos específicos contra la corrupción, el soborno y el blanqueo de capitales.

En Bolton Food, la prevención de impactos forma parte estructural de su modelo. Su política de pesca responsable se alinea con los estándares más exigentes, como el Convenio 188 de la OIT y la certificación Marine Stewardship Council (MSC). En 2023, el 93,7% del atún utilizado provino de fuentes sostenibles y/o responsables. Además, la empresa ha adoptado un Modelo de cumplimiento y Prevención de riesgos penales, integrando la gestión de riesgos en toda la cadena de valor. A nivel ambiental, logró evitar la emisión de 1.647 toneladas de CO_2, alcanzó un 91,2% de valorización de residuos y utilizó un 100% de electricidad de origen renovable en sus operaciones. La trazabilidad es otro pilar clave: mediante sistemas de control certificados, se garantiza el seguimiento de cada lata de atún desde el barco hasta el consumidor final.

Paralelamente, esta articulación con el territorio permite maximizar los impactos positivos, generando una amplia gama de beneficios colectivos tales como el fortalecimiento del desarrollo local, la promoción de empleo digno y decente, el fomento de la cohesión social y la regeneración de los ecosistemas degradados. Programas de formación técnica para jóvenes, impulso a las economías locales, iniciativas de restauración ambiental o apoyo al emprendimiento comunitario son ejemplos de acciones que, si bien responden a objetivos de responsabilidad social, también fortalecen la cadena de valor empresarial, diversifican la base económica local y consolidan relaciones de confianza con actores clave del entorno. Estos beneficios no son únicamente filantrópicos: se traducen en ventajas estratégicas tangibles para las empresas, tales como mayor estabilidad en la cadena de suministro, fidelización de talento local, posicionamiento reputacional y diferenciación competitiva en mercados que cada vez valoran más los compromisos ambientales, sociales y de gobernanza (ESG, por sus siglas en inglés).

Ambas compañías han conseguido también maximizar sus impactos positivos en el entorno. Iberostar ha fortalecido su estrategia de economía circular no solo en la gestión de residuos, sino también en el rediseño de procesos y productos. Su programa Wave of Change impulsa el turismo regenerativo, que va más allá de la sostenibilidad para restaurar ecosistemas y transformar modelos de negocio. En 2023, el 83% del pescado y marisco consumido en sus hoteles procedía de fuentes responsables. Bolton Food, a su vez, ha convertido la sostenibilidad en su eje estratégico. Sus marcas Isabel, Cuca y Massó están alineadas con prácticas responsables en origen, producción, etiquetado y distribución, reforzando su propuesta de valor. Además, colabora activamente con entidades como WWF, MSC y diversas Organizaciones Regionales de Pesca para influir en las políticas globales del sector.

Asimismo, este enfoque posibilita la atracción de inversión sostenible, tanto nacional como internacional, ya que los financiadores contemporáneos valoran crecientemente la capacidad de las empresas para actuar como catalizadoras del desarrollo y gestoras de impactos positivos en sus entornos. Inversionistas institucionales, bancos de desarrollo y fondos de inversión socialmente responsable priorizan actualmente modelos de negocio que demuestran gobernanza compartida, responsabilidad territorial y alineación con los ODS. Esta orientación se traduce, a menudo, en condiciones más favorables de financiamiento, acceso preferente a capital, reducción de primas de riesgo y oportunidades para establecer alianzas estratégicas con otros actores que comparten los mismos valores. En este sentido, la capacidad de la empresa para demostrar su impacto social y ambiental positivo no solo constituye una ventaja reputacional, sino también una herramienta financiera clave en entornos cada vez más exigentes.

Esta proactividad también ha fortalecido el atractivo como destino de inversión sostenible de ambas empresas. Iberostar ha firmado compromisos con la iniciativa SBTi y ha presentado su hoja de ruta de economía circular en la COP28. Sus indicadores de desempeño ambiental, social y de gobernanza (ESG) la posicionan como referente internacional en turismo responsable. Bolton Food, por su parte, basa su gobernanza en una estrategia transversal de sostenibilidad y alianzas. Su estructura corporativa incluye comités globales en derechos humanos, producción sostenible, pesca responsable y cumplimiento normativo, lo cual facilita el acceso a fondos y alianzas estratégicas alineadas con los ODS.

Por último, la inserción comprometida y transparente de la empresa en el ecosistema local contribuye significativamente al fortalecimiento de la estructura fiscal del territorio, reforzando la sostenibilidad financiera del sistema público. A través de una presencia fiscal clara, responsable y proporcional a su actividad económica, las empresas pueden aportar al financiamiento de políticas públicas, infraestructura, servicios sociales y otros bienes comunes que son fundamentales tanto para la comunidad como para la propia operación empresarial. Esta contribución, además de cumplir una función redistributiva esencial, ayuda a consolidar marcos regulatorios sólidos, instituciones confiables y entornos de negocios estables, todos ellos factores decisivos para la seguridad jurídica y la continuidad de las inversiones. En suma, actuar con responsabilidad fiscal refuerza el contrato social entre la empresa y la sociedad, asegurando una convivencia armónica y mutuamente beneficiosa.

Por último, el impacto de estas empresas también se refleja en el fortalecimiento de la sostenibilidad financiera del sistema público. Iberostar contribuye con una presencia fiscal responsable y proporcional a su actividad, y su inversión en comunidades, empleo local y servicios de calidad fortalece la recaudación y la estabilidad institucional de los territorios donde opera. Bolton Food, desde sus plantas en España y todo el mundo, impulsa el empleo estable y de calidad, respeta la legalidad tributaria y promueve la generación de valor económico duradero. Sus alianzas con proveedores locales, así como sus campañas de sensibilización ciudadana, fortalecen el tejido social y la legitimidad institucional.

En definitiva, la localización del desarrollo sostenible no es solo una responsabilidad ética, sino una oportunidad estratégica para la competitividad de las empresas. A través de la diplomacia empresarial, las compañías pueden desempeñar un papel activo en el diseño de futuros territoriales sostenibles, donde sus intereses convergen con los de la sociedad y del planeta. Es en esa convergencia donde reside una nueva frontera de ventaja competitiva: un modelo de empresa que sabe escuchar, conectar y transformar su entorno a través de relaciones inteligentes, colaborativas y sostenibles. Los casos de Iberostar y Bolton Food muestran cómo una diplomacia empresarial coherente y arraigada en el territorio puede ser un catalizador poderoso de transformación. Al integrar el desarrollo sostenible en su estrategia, operaciones y relaciones, estas empresas no solo mejoran su competitividad y resiliencia, sino que contribuyen activamente a la construcción de entornos más inclusivos, equitativos y sostenibles.

OTROS CASOS DE DIPLOMACIA EMPRESARIAL

En este epígrafe presentamos dos casos ilustrativos de diplomacia empresarial en los que intervienen empresas españolas en el exterior. Para cada empresa, compartimos una breve descripción de la situación que sirve de fondo para el análisis. Llevamos a cabo dicho análisis en el marco del análisis de grupos de interés y con referencia a tres factores relevantes: poder, interés y estrategia. Por poder, entendemos la capacidad para alterar los posibles resultados, el interés representa el grado de importancia conferida a la negociación, y la estrategia representa la intención de informar, consultar o colaborar. Se pudieran añadir otros factores, matizar el grado de interés del tema para cada grupo de interés, o agregar propósitos estratégicos, pero preferimos la simplicidad de las tablas, a las que complementamos con una explicación. Por último, llevamos a cabo una comparación de los cinco casos, con el fin de diferenciar los tipos de grupos de interés, las herramientas de diplomacia empresarial utilizadas y los principales resultados.

Caso 1: Iberdrola

En el año 2021 se lanzó una iniciativa global para fortalecer la cadena de valor de las energías renovables, conforme a los principios denominados ESG, para la sostenibilidad ambiental, social y de gobernanza. Los 17 miembros de la alianza eran parte intrínseca de la cadena de valor del sector y, al igual que los demás participantes, Iberdrola se unió a la iniciativa Global Alliance for Sustainable Energy (GA4SE) con el propósito de crear métricas y estándares comunes para la industria. Al objetivo de establecer reglas consensuadas para toda la industria, se añadía el compromiso con la sostenibilidad y la economía circular y el interés de avanzar en los ODS.

Iberdrola es una empresa líder en renovables, con una capacidad instalada de casi 35.000 MW, cerca de 40.000 colaboradores y una presencia directa en más de 20 países, considerada como actor protagónico en la transición energética mundial, por lo que tuvo un rol relevante en cuatro áreas estratégicas para el acuerdo GA4SE: a) cero emisiones netas y huella de carbono, b) economía y diseños circulares, c) derechos humanos y d) huella hídrica. Debido a la importancia del acuerdo y sus participantes, el lanzamiento del proyecto contó con el apoyo de la ONU, que avaló los trabajos de investigación y difusión de sus resultados, así como la dirección de proyectos piloto en Asia y América Latina.

En la tabla 7 se incluye un mapeo de grupos de interés para Iberdrola en el proyecto GA4SE. Es importante señalar que se seleccionan únicamente los cinco principales actores, al igual que haremos en el análisis de los demás casos en este capítulo.

TABLA 7

CASO IBERDROLA. PRINCIPALES GRUPOS DE INTERÉS

ACTOR	PODER	INTERÉS	ESTRATEGIA
Iberdrola	Alto	Alto	Colaborar
Enel, Orsted, Vestas	Alto	Alto	Colaborar
BEIS	Medio	Alto	Consultar
ONU	Medio	Alto	Colaborar
Banco Europeo de Inversiones	Alto	Medio	Consultar

PODER: capacidad para alterar los resultados (Alto / Medio / Bajo).
INTERÉS: grado de importancia conferida (Alto / Medio / Bajo).
ESTRATEGIA: Informar / Consultar / Colaborar .
Fuente: Elaboración propia con diversas fuentes citadas en las referencias.

La tabla 7 permite orientar a Iberdrola hacia las relaciones más valiosas en términos de poder vs. interés y así identificar las opciones en las que la empresa logre priorizar recursos, establecer alianzas y potenciar el impacto de los ESG. Un análisis ampliado, permite ver que los socios Enel, Orsted y Vestas tienen un poder e interés máximo, añadiendo masa crítica para lograr los objetivos comunes. La empresa BEIS del Reino Unido está en una posición diferente, pues su poder de intervención es limitado; sin embargo, tiene un interés alto en demostrar su liderazgo en la lucha contra el cambio climático. La ONU está en una posición similar, ya que no tiene el poder necesario para realizar grandes cambios, pero su interés en el éxito del proyecto es alto. Por parte del Banco

Europeo de Inversiones el poder es alto, pero su interés es medio, por lo que se limita a emitir información relevante a los participantes.

El mapeo y análisis de los grupos de interés permitió a Iberdrola visualizar las relaciones con entidades importantes en su operación, con el fin de identificar posibles alianzas. De una parte, pudo desarrollar una estrategia de colaboración con Enel, Orsted y Vestas para sumar masa crítica al proyecto y acelerar la creación de estándares compartidos. Con la empresa británica BEIS se buscó un liderazgo climático y reconocimiento político, con la ONU se obtuvo un aval de un organismo emblemático, mientras que con el Banco Europeo de Inversiones el interés apuntó al apoyo en consultas financieras. En el proyecto intervinieron otros actores, como Bloomberg, empresa que proporcionó datos y análisis para dar solidez a la propuesta económica.

En este caso, la diplomacia empresarial abrió una puerta a Iberdrola para participar en foros internacionales en los que se decidía la regulación y el futuro de su sector. Sería difícil que Iberdrola pudiera alcanzar ese nivel de representación y poder de decisión recurriendo a medios tradicionales de diplomacia, como pudiera ser solicitando el apoyo del servicio consular o las entidades de apoyo en comercio exterior.

Caso 2: Ferrovial

Desde el año 2011 Ferrovial había iniciado su Programa de Infraestructuras Sociales, con el que buscaba dotar de agua potable y saneamiento a comunidades de diferentes continentes. Dentro del marco de ese programa impulsó diferentes proyectos, siendo uno de ellos el de Agua para los Masai en Kenia. El estrés hídrico en la región habitada por los Masai era notable, con implicaciones severas para ese pueblo. Se trataba de un programa en cooperación con comunidades locales, entes gubernamentales y organismos internacionales que compartían el interés en una iniciativa que redundaría en la mejora en la calidad de vida de muchas personas.

Los desafíos en la parte técnica eran numerosos, pero finalmente se desarrolló una solución que permitió el almacenamiento del agua, su gestión conforme a las necesidades de cada estación y su potabilización. El compromiso de Ferrovial traspasaba la construcción de las instalaciones prometidas, pues la empresa se comprometió a preparar a la población local para que pudieran administrar el proyecto conforme a un esquema de sustentabilidad. Los resultados demostraron que la intervención conjunta de los diferentes participantes trajo a la población local los resultados deseados. Fueron varias las partes involucradas, como se presenta en la tabla 8.

TABLA 8

CASO FERROVIAL. PRINCIPALES GRUPOS DE INTERÉS

ACTOR	PODER	INTERÉS	ESTRATEGIA
Ferrovial	Alto	Alto	Colaborar
Ministerio de Salud de Kenia	Medio	Alto	Informar
UNICEF	Medio	Alto	Colaborar
AMREF	Medio	Alto	Colaborar
Comunidades	Bajo	Alto	Colaborar

PODER: capacidad para alterar los resultados (Alto / Medio / Bajo).
INTERÉS: grado de importancia conferida (Alto / Medio / Bajo).
ESTRATEGIA: Informar / Consultar / Colaborar.
Fuente: Elaboración propia con diversas fuentes citadas en las referencias.

En este caso, con excepción de Ferrovial, los diferentes actores tenían un poder medio o bajo, aunque un interés alto en el proyecto. El Ministerio de Salud de Kenia se limitó a proporcionar información, mientras que UNICEF legitimó el proyecto, dando un respaldo internacional invaluable. La asociación local AMREF aportó la relación directa con las diferentes comunidades locales, mientras que estas aseguraron el mantenimiento y sostenibilidad del proyecto a largo plazo.

La mejora en la calidad de vida de la población ha sido notable, con repercusiones no previstas, como disminución de la deserción escolar, mayores ingresos e inserción de la mujer en la economía local. Al margen de tan loables propósitos, Ferrovial ha fortalecido su reputación como empresa socialmente responsable y ha conseguido entrelazar alianzas que sin duda le traerán otros beneficios.

Si bien los casos de Iberdrola y Ferrovial pueden ser considerados paradigmáticos, no son ejemplos aislados. Otras empresas españolas han demostrado su capacidad de desarrollar e implementar estrategias de diplomacia empresarial, como por ejemplo Acciona, Grifols o Naturgy. En ese sentido, Acciona se distinguió durante la Expo Dubái 2020, mediante diversas acciones en las que fusionó cultura, innovación y alianzas estratégicas que apoyaron notablemente en la proyección de la marca país de España y en la construcción de redes de colaboración duraderas entre empresas españolas y entidades gubernamentales en Oriente Medio. Grifols, durante la covid-19, desarrolló una estrategia de colaboración con diferentes laboratorios de investigación y entidades del gobierno de Estados Unidos para combatir la pandemia. La estrategia, que posteriormente se denominó plasma diplomacy, sirvió para orquestar alianzas estratégicas que afianzaron la posición de Grifols como líder en hemoderivados y reforzó su reputación como actor confiable en crisis sanitarias. Por último, Naturgy tuvo una notable contribución en la reapertura del Gasoducto Magreb-Europa en 1996, aportando diferentes soluciones de diplomacia empresarial. Tales acciones permitieron a la empresa resolver problemáticas de enorme complejidad en un entorno geopolítico adverso, gestionando las relaciones entre actores que no aceptaban propuestas de negociación directa, pese a compartir intereses económicos comunes.

PREGUNTAS PARA LA REFLEXIÓN

1. ¿Cómo puede una empresa de turismo apoyar para el cumplimiento de los ODS?
2. ¿Qué beneficios aporta un sistema de gestión de riesgos reputacionales?
3. ¿De qué manera puede influir un enfoque diplomático en la creación y aplicación de políticas medioambientales?
4. ¿Cómo fortalece la transferencia de prácticas exitosas la capacidad global de sostenibilidad?

5. ¿Qué ventajas ofrecen las alianzas multisectoriales para expandir iniciativas responsables?
6. ¿Existen casos conocidos de éxito de empresas españolas en el cumplimiento de los ODS?
7. ¿Qué características de un entorno regional con alta internacionalización lo convierten en un buen ejemplo de diplomacia empresarial?
8. ¿Qué aprendizajes aporta la gestión de la pandemia para adaptar retos globales a lo local?
9. ¿Qué herramientas de mapeo de grupos de interés resultan más efectivas en proyectos sostenibles?
10. ¿Cuáles son las barreras más habituales para una pequeña empresa en el cumplimiento de las normativas medio ambientales?

CAPÍTULO 5
REFLEXIONES Y DIMENSIONES ÉTICAS

CONCLUSIONES Y LECCIONES APRENDIDAS

Aunque en este trabajo hemos aspirado principalmente a plantearnos buenas preguntas antes que asumir que podamos dotarnos de respuestas inequívocas, sí creemos que podemos extraer algunas conclusiones tentativas y lecciones aprendidas. Frente a la creciente incertidumbre global, lo primero que se requiere es hacer un diagnóstico holístico y crítico, evitando dogmatismos o reduccionismos. En ese sentido, hemos intentado presentar un mapa analítico-conceptual que nos permita entender los rasgos sistémicos que definen las Relaciones Internacionales de hoy, tanto desde un enfoque teórico-académico con ayuda de la disciplina de Relaciones Internacionales, como desde un plano histórico-empírico donde hemos abordado procesos, actores y agendas que modelan y constriñen las posibilidades de actuación de los principales actores internacionales. A pesar de la necesaria simplificación por motivos de espacio, consideramos que quienes hayan leído hasta aquí tendrán unas herramientas que les permitan desvelar las principales tendencias y agendas que rigen y que determinarán los posibles escenarios futuros.

Asimismo y aterrizando más en el objeto central de este trabajo, se ha podido constatar cómo la diplomacia empresarial actúa como una palanca de valor dentro de la caja de herramientas de las que se dotan las empresas en su actuar internacional. Más allá de los elementos puramente financieros y del obvio interés empresarial en la cuenta de resultados, la irrupción conceptual y empírica de la diplomacia empresarial subraya (i) tanto la importancia de los elementos que trascienden a las "matemáticas (cuentas y números) de la empresa", en la medida en que hay que poner en valor las relaciones con *stakeholders*, el análisis de riegos no financieros, el cuidado de la percepción de la marca y la exposición a riesgos reputacionales...; (ii) como la ampliación del marco temporal de la actividad económica, en la medida en que frente a la tentación de priorizar el beneficio económico en el corto plazo, se impone una necesaria visión de sostenibilidad de la actividad económica en el medio-largo plazo que conecta nítidamente con lo arriba mencionado de los ODS.

Por tanto, la interacción de la diplomacia empresarial como bisagra en las sinergias público-privadas, además de coadyuvar a su mejor desempeño, conlleva a su vez una redefinición de las agendas a considerar y de las estrategias y objetivos futuros a alcanzar. Es por ello que, desde una enfoque empresarial, se antoja indispensable incorporar esta mirada amplia que enriquece y complejiza la toma de decisiones en los ecosistemas público-privados.

En definitiva, la principal contribución de esta obra reside en ofrecer un marco analítico integrado para el estudio de la diplomacia empresarial, articulando de manera coherente aportes procedentes de las Relaciones Internacionales, la Economía Política Internacional y la gestión empresarial, sin perder de vista su dimensión ética. A diferencia de enfoques que abordan estas prácticas desde perspectivas sectoriales o predominantemente instrumentales, el libro propone una lectura relacional y multinivel que sitúa a la empresa como un actor con capacidad de agencia en contextos internacionales complejos, atravesados por dinámicas geopolíticas, tecnológicas y socioambientales. Asimismo, la obra combina el análisis teórico con una clara vocación aplicada, ofreciendo herramientas conceptuales y operativas útiles tanto para la investigación académica como para la toma de decisiones empresariales. Finalmente, al incorporar una reflexión explícita sobre la legitimidad, la responsabilidad y los dilemas éticos asociados a la acción empresarial global, el libro contribuye a enriquecer el debate contemporáneo sobre el papel de las empresas en la gobernanza global y en la construcción de modelos de desarrollo más sostenibles.

DIMENSIÓN ÉTICA Y OTRAS IMPLICACIONES

Por otra parte, y como ya hemos visto a lo largo de esta obra, el escenario global actual es especialmente desafiante y esto nos aboca a replantearnos nuestra forma de estar en el mundo y las consideraciones éticas que emanan de ello. Como se mencionaba en el anterior epígrafe, las empresas (y de forma más precisa, las personas que toman las decisiones en las diferentes empresas) tienen su propia responsabilidad ética en la medida que incorporen las dos dimensiones que aporta la diplomacia empresarial, a saber, la extensión temática al ir más allá de lo financiero por incorporar los relacionamientos y riesgos no financieros, y la extensión temporal al incluir la sostenibilidad como guía de actuación con una visión intergeneracional frente a la extenuación de los recursos del planeta.

No obstante, se presentan también otros desafíos mayúsculos que nos interpelan éticamente y que se han esbozado someramente a lo largo de trabajo, aunque requieren aquí de una ulterior reflexión, centrándonos específicamente en tres:

Primeramente, la creciente desafección sociopolítica con sus efectos en la erosión de la democracia y las crecientes brechas polarizantes, ya no solo en forma de *cleavage* ideológico con la extrema derecha sino también a nivel de género e intergeneracional. Las fracturas generadas por algunos -ismos (extractivismo, machismo, racismo...) reifican relaciones de poder y nos interpela a tomar partido por la víctima, por el más vulnerable. Además, la deslegitimación y cuestionamiento de las normas y reglas del juego con las que nos hemos ido dotando (democracia a nivel estatal y multilateralismo a nivel internacional) abren la ventana de oportunidad a regímenes iliberales y autocráticos para imponer la ley del más fuerte y socavar avances en igualdad y respeto a las minorías. Es este un ámbito donde también las empresas tienen margen de acción para posicionarse, no desde proclamas ideológicas, sino desde la aplicación y el respeto de marcos de convivencia en aras de sociedades más justas y sostenibles donde seguir desarrollando su labor empresarial de manera fructífera.

En segundo lugar, la irrupción y consolidación de la inteligencia artificial generativa nos aboca a un escenario inédito que promete redefinir cómo vivimos, cómo trabajamos y cómo nos relacionamos, con todo lo que ello significa para entender en última instancia quiénes somos. A pesar de encontrarnos en los albores de esta nueva era de IA, no podemos no reflexionar sobre temas afines como las potencialidades, la idoneidad de regulaciones y los límites o líneas rojas, por mencionar solo algunos. Como señalan expertos como Innerarity (2025), este proceso no es neutral y en cierto modo, podría implicar la cesión de márgenes de autonomía y soberanía que a día de hoy están reservados al ser humano. Parece evidente subrayar que la dimensión ética sigue siendo un atributo humano y que su transferencia a la IA (aunque fuera vía algoritmos así diseñados por humanos con sus propios sesgos) no deja de entrañar un riesgo. En este contexto, no parece que sea deseable la incorporación acrítica de la IA en las empresas a la hora de adoptar sus decisiones estratégicas, aunque las funcionalidades que ofrece para trabajar con grandes volúmenes de datos son ya un activo para la empresa en su conjunto y para las funciones de la diplomacia empresarial de manera más específica.

Y finalmente, la tercera y última reflexión ética que aquí planteamos hace referencia al elefante en la habitación del que a veces pareciera que se prefiere no hablar: el cambio climático y de forma más extensa, la insostenibilidad de las actividades humanas, incluyendo las empresariales, para ser asumidas por los recursos de que dispone el planeta. Ya se ha apuntado a las reflexiones sobre el Antropoceno y la Agenda 2030, así como a la apuesta por la transición energética y economías más verdes, impulsadas discursivamente desde la Unión Europea pero también liderada en parte por la transformación de la matriz energética china con el crecimiento exponencial de las energías eólica y fotovoltaica. No obstante, las mediciones y proyecciones de los expertos nos siguen recordando que no es suficiente y aquí, las empresas en su conjunto tienen un ámbito de reflexión para explorar en qué medida pueden coadyuvar a la sostenibilidad, no solo por interés en su estrategia reputacional, sino por convencimiento real. En este sentido se ha corroborado que las prácticas de *greenwashing* han sido especialmente mal percibidas por los consumidores, a la par que las generaciones más jóvenes se presentan como más exigentes con estas prácticas dado que serán ellos quienes tendrán que vivir (y padecer) a lo largo de sus vidas peores condiciones derivadas de la emergencia climática.

En definitiva, tanto la diplomacia empresarial *sensu estricto*, como las sinergias público-privadas y todo el campo de la Economía Política Internacional que aquí hemos invocado nos emplazan a reflexionar sobre nuestro posicionamiento ético y lo que es más relevante, a que esos planteamientos se materialicen en acciones y agendas con un impacto real. A partir de ahí, ojalá que algunas de las ideas aquí contenidas sirvan para ser tenidas en cuenta por las propias empresas en aras de maximizar su propio beneficio y el de la sociedad en su conjunto.

PREGUNTAS PARA LA REFLEXIÓN

1. ¿Cómo puede apoyar la diplomacia empresarial en la identificación de los riesgos no financieros?
2. ¿Cómo puede impactar el cambio climático a las empresas?
3. ¿Cómo puede servir la diplomacia empresarial para unir y potenciar objetivos públicos y privados en la construcción de alianzas?
4. ¿Qué responsabilidades éticas surgen para las empresas ante el aumento de la polarización social y política?
5. ¿Cuáles son los principales riesgos de incorporar la inteligencia artificial generativa sin un marco ético claro?

6. ¿Cómo pueden evitarse las prácticas de *greenwashing* y lograr un compromiso genuino con la acción climática?
7. ¿De qué forma pueden las reflexiones éticas traducirse en medidas concretas que cambien procesos y resultados?
8. ¿Cómo pueden las empresas integrar los ODS en su operación cotidiana?
9. ¿Cómo puede una empresa mantener la comunicación con sus distintos grupos de interés?
10. ¿Cómo puede equilibrarse la búsqueda de rentabilidad con el bienestar social y ambiental usando la diplomacia empresarial?

GLOSARIO

***Advocacy*.** Estrategia de movilización de amplias audiencias para apoyar causas específicas de una organización y presionar a instituciones públicas o privadas.

Agenda 2030. Compromiso multilateral de la ONU con 17 Objetivos de Desarrollo Sostenible para erradicar la pobreza, proteger el planeta y garantizar la prosperidad global.

Alianzas multisectoriales. Colaboraciones estratégicas entre empresas, ONG, instituciones académicas y gobiernos para impulsar proyectos de alto impacto en sostenibilidad.

Antropoceno. Época geológica caracterizada por el impacto dominante de la actividad humana sobre los ecosistemas y ciclos naturales de la Tierra.

Ascenso de China. Consolidación del poder económico y político chino tras su ingreso en la OMC en 2001, redefiniendo el equilibrio de poder global.

***Big data*.** Conjunto de tecnologías y metodologías para recopilar, procesar y analizar grandes volúmenes de datos en tiempo real, esencial para la inteligencia contextual.

Cadena de suministro sostenible. Modelo de producción y logística que integra criterios ambientales, sociales y éticos para asegurar resiliencia y responsabilidad.

Consenso de Washington. Conjunto de políticas económicas —privatización, liberalización y desregulación— que promovieron la apertura de mercados tras la Guerra Fría.

Contexto sistémico. Entorno compuesto por múltiples elementos interconectados cuyas relaciones determinan el funcionamiento y la evolución de un sistema.

Crisis de globalización. Proceso iniciado con la crisis financiera de 2008 que expuso desigualdades económicas, tensiones sociales y rupturas del contrato social global.

Cuatro grandes debates. Discusiones fundacionales en Relaciones Internacionales que abarcan los enfoques: sociológico, metodológico, interparadigmático y el giro reflectivista.

***Cui bono*.** Pregunta que indaga "¿quién se beneficia?" de una acción; en Economía Política Internacional, ayuda a revelar intereses ocultos tras procesos de desregulación o crisis financieras.

Diagnóstico holístico. Evaluación integral que considera factores económicos, sociales, ambientales y políticos para identificar riesgos y oportunidades complejas.

Diplomacia empresarial. Disciplina que aplica técnicas diplomáticas y *soft power* para proteger intereses corporativos, proyectar influencia y crear valor compartido. En esta obra, este concepto se emplea de manera deliberadamente amplia y relacional para dar cuenta de un conjunto de prácticas, competencias y estrategias mediante las cuales las empresas interactúan con actores públicos y privados en contextos internacionales complejos. Si bien parte de la literatura anglosajona utiliza el término *corporate diplomacy* para referirse a dinámicas similares, aquí se opta por la noción de diplomacia empresarial por considerar que permite integrar de forma más explícita la dimensión relacional, política y ética de la acción empresarial más allá de una lógica puramente instrumental. Asimismo, conviene señalar que, aunque la diplomacia empresarial puede compartir ciertas herramientas con prácticas como el *lobby*, se distingue de estas por su orientación al largo plazo, por la centralidad de la legitimidad social y por su vocación de construcción de relaciones estables con múltiples grupos de interés. Finalmente, a lo largo del libro el término se emplea tanto en un sentido descriptivo —para analizar prácticas existentes— como en un sentido normativo —para proponer un modelo deseable de actuación empresarial—, distinción que se asume explícitamente como parte del enfoque analítico adoptado.

Diplomacia empresarial *sensu estricto*. Aplicación detallada de herramientas de la diplomacia clásica al ámbito corporativo para gestionar reputación e intereses en el extranjero.

Diplomacia tradicional. Práctica formal de Estado basada en jerarquías, protocolos y canales diplomáticos para representar y defender intereses nacionales.

Economía Política Internacional (EPI). Subcampo de las Relaciones Internacionales que analiza la interacción entre políticas gubernamentales y dinámicas de mercado.

ESG. Compromisos ambientales, sociales y de gobernanza, por sus siglas en inglés.

Geopolítica. Disciplina que estudia cómo factores geográficos, demográficos y estratégicos influyen en el poder de los Estados y sus relaciones.

Gobernanza global. Conjunto de instituciones, normas y foros multilaterales (G20, BRICS, ONU) para coordinar políticas frente a desafíos transnacionales.

Global issues. Retos transnacionales —cambio climático, pandemias, desigualdad— que requieren respuestas coordinadas entre gobiernos, empresas y sociedad civil.

Greenwashing. Prácticas que proyectan una imagen engañosa de compromiso ambiental, sin acciones reales ni resultados medibles.

Hegemonía estable. Idea de que un liderazgo político, militar y económico sólido mantiene el orden internacional y garantiza la estabilidad del sistema.

Horizonte intergeneracional. Perspectiva de planificación que evalúa cómo las decisiones presentes afectan el bienestar de las generaciones futuras.

Informes de sostenibilidad unificados. Documentos estandarizados que muestran cómo las acciones locales de una empresa contribuyen a indicadores globales de los ODS.

Interregno. Periodo de transición en que un viejo orden internacional pierde legitimidad antes de que emerja uno nuevo consolidado.

Inteligencia artificial generativa. Sistemas de IA capaces de crear contenido original a partir de grandes volúmenes de datos, planteando dilemas éticos y de reputación.

Internacionalización. Proceso de expansión empresarial a nuevos mercados, adaptando estrategia, cultura y prácticas a contextos locales sin perder coherencia global.

Lobbying. Técnica de influencia directa en legisladores y reguladores para favorecer intereses corporativos mediante contactos estratégicos.

Mundo multiplex. Escenario global con múltiples polos de poder y actores diversos, aumentando la complejidad e imprevisibilidad de las Relaciones Internacionales.

Multiagente. Reconocimiento de la participación simultánea de gobiernos, empresas, ONG y sociedad civil en la gestión de asuntos globales.

ODS (Objetivos de Desarrollo Sostenible). Conjunto de 17 metas de la ONU para erradicar la pobreza, proteger el planeta y promover la prosperidad antes de 2030.

Polarización psicosocial. Fragmentación social basada en resentimientos y visiones cerradas, que refuerza discursos de odio y dificulta el diálogo racional.

Relaciones Internacionales. Campo académico que estudia las interacciones entre estados, organizaciones, empresas e individuos más allá de las fronteras.

Responsabilidad Social Corporativa (RSC). Prácticas empresariales que alinean operaciones con estándares éticos, ambientales y sociales para reforzar la legitimidad y confianza.

Riesgos no financieros. Amenazas a la reputación, la legitimidad o la sostenibilidad de una empresa que no se reflejan en indicadores puramente económicos.

Sinergias público-privadas. Colaboraciones estratégicas donde gobiernos y empresas combinan recursos y conocimientos para generar valor mutuo.

Soft power. Capacidad de influir en conductas y percepciones mediante la atracción de valores y reputación, en lugar de coerción o incentivos.

Social listening. Monitorización y análisis de conversaciones en redes sociales para detectar tendencias, percepciones y riesgos reputacionales.

Stakeholders. Grupos de interés internos (empleados, directivos, accionistas, sindicatos) y externos (clientes, proveedores, gobiernos, ONG).

Sur Global. Perspectiva que agrupa a países de América Latina, África y Asia, enfatizando sus asimetrías de poder y demandas de autonomía.

Tecnodesafíos. Retos emergentes de la convergencia de tecnologías digitales, IA y biotecnología que pueden concentrar el poder y socavar la igualdad.

Teorías críticas. Enfoques que cuestionan los supuestos dominantes en política y economía global, revelan desigualdades y proponen alternativas.

Valor compartido. Modelo empresarial que busca generar beneficios económicos a la vez que resuelve problemas sociales o ambientales en comunidades receptoras.

Westfailure. Término crítico que señala el fracaso del Estado moderno en regular sectores como el financiero, combinando "Westphalia" y "failure".

BIBLIOGRAFÍA

Acharya, A. (2017): "Global Governance in a Multiplex World", *Robert Schuman Centre for Advanced Studies Research, working paper*, RSCAS 2017/29.

Alammar, F. M. y Pauleen, D. J. (2016): "Business diplomacy management: a conceptual overview and an integrative framework", *International Journal of Diplomacy and Economy*, vol. 3, nº 1, pp. 3-26.

Álvarez, J. y Urdaneta, D. (2018): *La negociación internacional en el sector energético: Estrategias y aprendizajes*, Editorial Economías Globales.

Arce, A. y Peña, P. (2018): "Diplomacia Corporativa. El caso de la cadena de hoteles Meliá", *Revista Estudios Institucionales*, vol. 5, nº 9, pp. 173-184.

Berridge, G. R. (2015): *Diplomacy: Theory and practice*, 5º ed., Londres, Palgrave Macmillan.

Buckley, P. J. (2009): "The impact of the global factory on economic development", *Journal of World Business*, vol. 44, nº 2, pp. 131-143.

Caballero, S. (2021): "Oscilaciones en las relaciones Brasil-España: entre el pragmatismo económico y el desconocimiento mutuo", *Methaodos: Revista de Ciencias Sociales*, vol. 9, nº 1, pp. 124–134, https://n9.cl/o6m4g.

— (2023): "Spanish Foreign Policy Towards Latin America: Time for Redefinition?", *The Redefinition of the EU Presence in Latin America and the Caribbean*, pp. 29-44, Lausana, Peter Lang International Academic Publishers.

Caballero, S. y Aín, G. (2024): "El impacto de la polarización en la calidad democrática de América Latina", *Revista Política Internacional*, vol. 6, nº 4, pp. 53-65, https://n9.cl/s8mhj.

Caballero, S. y Arbiol, I. (2022): "COVID-19 impacts on multilateralism and diplomacy: the potential of business diplomacy", *International Journal of Diplomacy and Economy*, vol. 8, nº 1, pp. 6-20.

Caballero, S. y Crescentino, D. (2024): *Sur Global*, Valencia, Tirant lo Blanch.

— (2025): *Manual de estudios críticos: cartografías disidentes para comprender las relaciones internacionales*, Valencia, Tirant Lo Blanch.

Cabezuelo-Lorenzo, F. (2019): "Diplomacia corporativa, la nueva inteligencia colectiva", *Disertaciones: Anuario electrónico de estudios en Comunicación Social*, vol. 12, nº 2, pp. 237-239.

Camilleri, M. A. (2022): "Strategic attributions of corporate social responsibility and environmental management: The business case for doing well by doing good!", *Sustainable Development*, vol. 30, nº 3, pp. 409-422.

Carbonell, J. M. (2018): "Cross-cultural communication, public diplomacy and soft regulation in global society", *Blanquerna School of Communication and International Relations*, vol. 42, pp. 11-20.

Cox, R. (1981): "Social Forces, States and World Orders: Beyond International Relations Theory", *Millennium*, vol. 10, nº 2, pp. 126-155.

Crutzen, P. J. y Stoermer, E. F. (2000): "The Anthropocene", *Global Change Newsletter*, vol. 41, pp. 17-18.

Dhawan, R. y West, S. (2019): "The CEO as Chief Geopolitical Officer", *KPMG Eursaria Group Report*, https://n9.cl/roi6v9.

Egea, M. A.; Parra, M. C. y Wandosell, F. (2017): *Diplomacia corporativa*, Madrid, Pirámide.

— (2020): "Corporate diplomacy strategy and instruments; with a discussion about Corporate diplomacy and cyclical dynamics of open innovation", *Journal of Open Innovation: Technology, Market, and Complexity*, vol. 6, nº 3, 55.

— (2021): "El rol estratégico de la diplomacia corporativa", *Ekotemas. Revista cubana de ciencias económicas*, vol. 7, nº 1, pp. 32-51.

Fernández, J. y Jambrina, J. (2022): "Sostenibilidad Corporativa y Objetivos de Desarrollo Sostenible: innovación para luchar contra la corrupción" *Revista Internacional De Comunicación y Desarrollo (RICD)*, vol. 4, nº 15, pp. 1-18, https://n9.cl/t3kpex.

Fernández, M. D. T. y Sánchez, M. T. M. (2022): "Fundamentos de la acción diplomática corporativa en las estrategias de internacionalización de empresas", *Revista Empresa y Humanismo*, vol. 25, nº 1, pp. 143-172.

Fernández-Starck, K. y Gereffi, G. (2020): *The apparel global value chain: A global perspective*, World Bank.

Freeman, R. E.; Dmytriyev, S. D. y Phillips, R. A. (2021): "Stakeholder theory and the resource-based view of the firm", *Journal of management*, vol. 47, nº 7, pp. 1757-1770.

García, G. (2015): "Valores Culturales Japoneses en las Relaciones Empresariales", *Real Instituto Elcano*, https://n9.cl/eyquo.

García, R. (2023): "Corporate Social Listening Dashboards", *Journal of Digital Communication*, vol. 12, nº 2, pp. 70-88.

García-Canal, E. y Guillén M. F. (2010): *The new multinationals: Spanish firms in a global context*, Cambridge, Cambridge University Press.

Ghemawat, P. (2007): "Redefining global strategy: Crossing Borders in a World Where Differences Still Matter", pp. 161-166, Boston, Harvard Business School Press.

Gilpin, R. (2001): *Global Political Economy. Understanding the International Economic Order*, pp. 15-23, Nueva Jersey, Princeton University Press.

Gonzalez-Bravo, Y. M. (2024): "Techno-nationalism and The Quest for Strategic Mineral Resources: Exploring Corporate Diplomacy Strategies to Gain Support from Local Communities in Latin America", *Asian Journal of Latin American Studies*, vol. 37, nº 2, pp. 103-136.

Haass, R. (2020): "The Pandemic Will Accelerate History Rather Than Reshape It. Not Every Crisis Is a Turning Point", *Foreign Affairs*, https://n9.cl/ijedr.

Harari, Y. N. (2024): *Nexus: Una breve historia de las redes de la información desde la Edad de Piedra hasta la IA*, Barcelona, Debate.

— (2018): *21 lecciones para el siglo XXI*, Barcelona, Debate.

Haros, J. M. y Mata, G. A. (2021): "La inteligencia cultural como elemento de la diplomacia corporativa", *3C Empresa. Investigación y pensamiento crítico*, vol. 10, nº 2, pp. 69-89.

Henisz, W.J.; Dorobantu, S. y Nartey, L. J. (2019): "Social networks and the implementation of corporate social responsibility", *Strategic Management Journal*, vol. 35, nº 4, pp. 593-611.

Hernani-Merino, M. y Montero-Santos, R. (2014): "Marcas globales: una breve revision", *Journal of Business*, vol. 6, nº 1, pp. 2-16, Perú, Universidad del Pacífico.

Hirst, M. *et al*. (2024): "América Latina y el Sur Global en tiempos sin hegemonías", *Revista CIDOB d'Afers Internacionals*, nº 136, pp. 133-15, https://n9.cl/9rlcm.

Hofstede, G. (2010): *Cultures and organizations: Software of the Mind. Intercultural Cooperation and Its Importance for Survival*, Nueva York, McGraw Hill.

Innerarity, D. (2025): *Una teoría crítica de la inteligencia artificial*, Barcelona, Galaxia Gutenberg.

Ikenberry, J. (2005): *Liberal Order and Imperial Ambition: American Power and International Order*, Cambridge, Polity Press.

Iván, C. (2023): Comunicación intercultural en la era digital: Desafíos y oportunidades para las multinacionales, *Revista Latinoamericana de Comunicación y Sociedad*, vol. 11, nº 1, pp. 27-43.

Khanna, T. y Yafeh, Y. (2007): "Business groups in emerging markets: Paragon or parasites?", *Journal of Economic Literature*, vol. 65, pp. 331-372, https://n9.cl/ff44p.

Kochhar, S. K. y Molleda, J. C. (2015): "The evolving links between international public relations and corporate diplomacy", *International public relations and public diplomacy: Communication and engagement*, pp. 51-72.

Kogut, B.; Walker, D. y Anand, J. (2002): "Agency and institutions: National divergence in diversification behavior", *Organization Science*, vol. 13, pp. 162-178.

Krasner, S. (1983): *International Regimes*, Nueva York, Cornell University Press.
Kumar, R. y Singh, P. (2022): "Corporate diplomacy and inclusive business: Lessons from Unilever India", *International Journal of Business Governance and Ethics*, vol. 17, nº 2, pp. 89-105.
Langhorne, R. (2005): *The Diplomacy of Non-State Actors*, Diplomacy & Statecraft, vol. 16, nº 2, pp. 331-339.
Lewicki, R. J.; Barry, B. y Saunders, D. M. (2022): "Diplomacy and corporate sustainability. An emerging synergy", *Journal of Business Strategies*, vol. 13, nº 2, pp. 101-115.
London, M. (1999): "Principled leadership and business diplomacy: A practical, values-based direction for management development", *Journal of Management Development*, vol. 18, nº 2, pp. 170-192.
Madi, M. A. (2021): *Global Business Challenges and the Role of Corporate Diplomacy*, Londres, IntechOpen.
Manfredi, J. L. (2017). *Diplomacia pública y diplomacia empresarial: Nuevos actores en la gobernanza global*. Cuadernos de Estrategia, nº 185, pp. 101-120.
— (2018): *Diplomacia corporativa. La nueva inteligencia directiva*, Barcelona, Editorial UOC.
Marín, C. y García, J. (2021): "Inclusión digital y diplomacia empresarial: El caso de Telefónica en América Latina", *Revista Latinoamericana de Comunicación y Tecnología*, vol. 7, nº 1, pp. 23-37.
Mata, G. A. (2022): "La legitimidad social, la reputación y los grupos de interés como elementos de la diplomacia corporativa", *Revista de Relaciones Internacionales de la UNAM*, nº 142.
Mearsheimer, J. (2014): *The Tragedy of Great Power Politics*, Nueva York, WW Norton & Co.
Melissen, J. (2011): "Beyond the new public diplomacy", working paper, nº 3, *Netherlands Institute of International Relations*.
Meyer, K. E. (2006): "Globalfocusing: From domestic conglomerates to global specialists", *Journal of Management Studies*, vol. 43, nº 5, pp. 1109-1144.
— (2009): "Estrategias empresariales bajo las presiones de la globalización: *globalfocusing* o la especialización global", *Claves de la Economía Mundial*, pp. 68-77.
Moreno, R. y Vidal, J. (2010): "La internacionalización de las pequeñas y medianas empresas familiares españolas: los casos de Proaliment y ECISA", IV Coloquio del Grupo Cuatrinacional de Estudios Empresariales e Historia Económica.
Olier, E. y Valderrey, F. (2019): "Negotiating with Managers from Spain", *The Palgrave Handbook of Cross-Cultural Business Negotiation*, pp. 329-351, Londres, Palgrave Macmillan.
Ortega, J. (2022): "Comunicación estratégica en diplomacia empresarial: Modulación de mensajes y gestión de crisis", *Journal of Global Communication Strategies*, vol. 5, nº 2, pp. 78-95.
Penrose, E. T. (1959): *The Theory of the Growth of the Firm*, Oxford, Oxford University Press.
Porter, M. E. y Kramer, M. R. (2011): "Creating shared value", *Harvard Business Review*, vol. 89, nº 1/2, pp. 62-77.
Rodrik, D. (2020): "Will COVID-19 Remake the World?", *Project Syndicate*, https://n9.cl/qnwrh.
Ruël, H. (2020): "Corporate Diplomacy: Building Reputational and Social Capital y Global Markets", *International Journal of Business Communication*, vol. 57, nº 4, pp. 511-530.
— (2022): "Business diplomacy: A review of the literature and a definition", *Business Diplomacy by Multinational Corporations*, pp. 9-24, Leeds, Emerald Publishing Limited.
Ruël, H.; Wolters, T. y Loohuis, R. (2013): "Business diplomacy in multinational corporations (MNCs): An exploratory study", working paper, *Academy of International Meetings*, Países Bajos.
Ruggie, J. C. (2018): "Multinationals as global institution: Power, authority, and relative autonomy", *Regulation and Governance*, vol. 12, 317-333, https://n9.cl/kv20p.
Sanahuja, J. A. (2008): "¿Un mundo unipolar, multipolar o apolar? El poder estructural y las transformaciones de la sociedad internacional contemporánea", pp. 297-384, Bilbao, Servicio Editorial de la Universidad del País Vasco.

— (2019): "Crisis de la globalización, el regionalismo y el orden liberal: el ascenso mundial del nacionalismo y la extrema derecha", Revista Uruguaya de Ciencia Política, vol. 28, nº 1, pp. 59-94, https://n9.cl/one35.

— (2022): "Interregno. La actualidad de un orden mundial en crisis", *Nueva Sociedad*, https://n9.cl/z6rn2.

Sanahuja, J. A. y López, C. (2020): "La nueva extrema derecha neopatriota latinoamericana: el internacionalismo reaccionario y su desafío al orden liberal internacional", *Conjuntura Austral*, vol. 11, nº 55.

Saner, R. (2019): "Business diplomacy: Foundations and future challenges", *International Business Review*, vol. 28, nº 6, pp. 101–119.

Saner, R. y Yiu, L. (2020): "Labor Rights as Human Rights: The Role of the Organisation for Economic Co-operation and Development's (OECD's) Responsible Business Conduct Guidelines", *The Cambridge handbook of psychology and human rights*, pp. 105-120, Cambridge, Cambridge University Press.

Saner, R.; Yiu, L. y Søndergaard, M. (2000): "Business diplomacy management: A core competency for global companies", *Academy of Management Perspectives*, vol. 14, nº 1, pp. 80-92.

Silva, L. y Campos, R. (2021): Estrategias de negociación intercultural en el sector asegurador brasileño. Revista de Negocios Internacionales de América Latina, vol. 9, nº 1, pp. 58-74.

Simon, H. (1996): *Hidden Champions: Lessons from 500 of the World's Best Unknown Companies*, Boston, Harvard Business School Press.

Smith, J. y Lee, A. (2023): "Digital diplomacy and brand activism: Patagonia's global communications strategy", *Public Relations Review*, vol. 49, nº 1, pp. 101–112.

Smith, S. (1996): *International Theory: Positivism and Beyond*, Cambridge, Cambridge University Press.

Strange, S. (1998): *Mad Money*, Manchester, Manchester University Press.

Tan, D. y Meyer, K. E. (2007). "The scope of business groups: A Penrosian análisis".

Telefónica S. A. (2022): Informe de gestión consolidado.

Tickner, A. y Blaney D. L. (2013): *Thinking international relations differently*, Oxfordshire, Routledge.

Tussie D. (2015): "Relaciones Internacionales y Economía Política Internacional: Notas para el debate", *Relaciones Internacionales*, vol. 24, nº 48, https://n9.cl/sl41y.

Ugarte, J. (2019): *Más fuera es más dentro*, Vizcaya, Verssus.

Urbiola, A. E. y Vázquez, A. W. (2010): "La comunicación organizacional y su dimensión simbólica. El ritual como mecanismo de estructuración, control y ambigüedad", *Denarius*, vol. 21, pp. 229-249.

Valderrey, F. J. (2016): "International business diplomacy: lessons from Latin America", *Multinational enterprise management strategies in developing countries*, pp. 295-315, Pensilvania, IGI Global.

Valderrey, F. J.; Sánchez, A. y Delgadillo, A. (2022): "International business diplomacy: Mining for good practices in Latin America" *International Journal of Diplomacy and Economy*, vol. 8, nº 1, pp. 81-96, Inderscience Enterprises Ltd.

Venohr, B. y Meyer, K.E. (2009): "Uncommon Common Sense Management", Business Strategy Review.

Walt, S. (1985): "Alliance Formation and the Balance of World Power", *International Security*, vol. 9, nº 4, pp. 3-43.

Wei, T.; Clegg, J. y Ma, L. (2015): "The conscious and unconscious facilitating role of the Chinese government in shaping the internationalization of Chinese MNCs", *International Business Review*, vol. 24, nº 2, pp. 331-343.

Zaharna, R. S. (2022): "Digital diplomacy and the rise of relational power", *Journal of Public Diplomacy*, vol. 2, nº 1, 45-60.

Zakaria, F. (2009): *The Post-American World: And The Rise Of The Rest*, Londres, Penguin Random House.

SOBRE LOS AUTORES

Sergio Caballero Santos

Director del Master de Relaciones Internacionales y Diplomacia Empresarial, en la Universidad de Deusto, así como Director de la Cátedra UNESCO de la Universiad de Deusto para América Latina. Es doctor en Relaciones Internacionales por la Universidad Autónoma de Madrid (UAM) y licenciado en Derecho y Ciencias Políticas y de la Administración (2004) también por la UAM. Profesor titular en la Universidad de Deusto, donde ha sido vicedecano e IP del equipo de investigación. Sus principales líneas de investigación son: la integración regional latinoamericana y política exterior de Brasil, teoría de las RRII, seguridad y relaciones UE-América Latina.

Francisco Javier Valderrey Villar

Director del Departamento de Negocios Internacionales para la Región Noroeste en el Tecnológico de Monterrey (México), donde ha desarrollado diferentes funciones, aunque sin dejar de ser profesor. Colabora en diferentes grupos de investigación y en el think tank Instituto Choiseul, siendo también miembro del Sistema Nacional de Investigadores de México, nivel 1. Es doctor en Administración de Empresas por la Universidad de Valencia, España; Master in International Management, por Thunderbird,

Phoenix, USA y Bachelor Degree in Business Administration, de la University of Houston, USA. Es coautor de tres libros de mercadotecnia publicados en España y México. Ha participado en libros colectivos e individuales sobre internacionalización de empresas, negociaciones internacionales y desarrollo de negocios en China y la presencia de ese país en América Latina.

Íñigo Arbiol Oñate
Académico de la Universidad de Deusto. Imparte docencia en materia de relaciones internacionales y diplomacia empresarial. Es licenciado en Historia Moderna y Contemporánea, obtuvo su Máster en Acción Internacional Humanitaria (NOHA) y su doctorado en la Universidad de Deusto, donde su tesis se centró en la política exterior de Estados Unidos en la post Guerra Fría. Ha sido profesor visitante en diversas universidades como Saint Joseph en Beirut, Boston College y la Universidad de Columbia en Nueva York y su labor investigadora se enfoca en temas como la política estadounidense, la diplomacia empresarial y las relaciones internacionales, con numerosas publicaciones y participaciones en conferencias académicas. Ha liderado y participado en diversos proyectos de investigación competitiva sobre seguridad multidimensional, diplomacia empresarial y desarrollo sostenible.